烟火广州 至味人间

黄天骥/著
江柳/绘

廣東旅游出版社
GUANGDONG TRAVEL & TOURISM PRESS
悦读书·悦旅行·悦享人生
中国·广州

图书在版编目（CIP）数据

烟火广州　至味人间 / 黄天骥著 ; 江柳绘. — 广州 : 广东旅游出版社, 2023.1
ISBN 978-7-5570-2876-3

Ⅰ. ①烟… Ⅱ. ①黄… ②江… Ⅲ. ①地方文化—广州—文集 Ⅳ. ①G127.651-53

中国版本图书馆CIP数据核字(2022)第206226号

出 版 人：刘志松
策划编辑：蔡　璇
责任编辑：贾小娇　蔡　璇
装帧设计：艾颖琛
内文设计：周喜玲
责任校对：李瑞苑
责任技编：冼志良

烟火广州　至味人间
YANHUO GUANGZHOU ZHIWEI RENJIAN

广东旅游出版社出版发行
（广州市荔湾区沙面北街 71 号首、二层）
邮编：510130
电话：020-87347732（总编室）　020-87348887（销售热线）
投稿邮箱：2026542779@qq.com
印刷：广州市岭美文化科技有限公司
地址：广州市荔湾区花地大道南海南工商贸易区A幢
开本：889 毫米 ×1194 毫米 32 开
字数：180 千字
印张：7.5
版次：2023 年 1 月第 1 版
印次：2023 年 1 月第 1 次
定价：58.00 元

序

郭冰茹

黄天骥先生出版散文集《岭南感旧》时，我的同事胡传吉博士受命作序，我颇有感慨，既钦佩先生虚怀若谷，又感佩传吉的“胆大妄为”。当年谢冕先生出版著作，请他的弟子黄子平教授作序，一时传为美谈。中国的世俗传统是“拉大旗”，终于有先生反弹琵琶，让学生在自己的园地上插上一面“小旗子”，这是很有趣的师生间的“唱和”。如今黄天骥先生又一本书写岭南风物的散文集《烟火广州　至味人间》即将付梓，命我为写篇序文之类的文字，我诚惶诚恐，内心颇为忐忑。勉力为之，不仅是师命难违，却之不恭；也欲先睹为快，如同学生喜欢听某教授的课，需提早到教室抢坐第一排的位置一样。想起先生在1986年倡导，中文系至今仍在坚持的“百篇作文”，我未经历过此番训练，这篇算不得序言的文字，就权当交给先生的一篇作文吧！

在中山大学，我们亲昵地称黄天骥先生为“黄天老师”。1997年我由北京负笈南国到中大继续学业。因专业的藩篱，我与治古典文学的老师接触甚少，也无由亲炙，但黄天老师的影响在年轻学子中却超越了专业的限制。留校任教后，逐渐熟悉了传说中的黄天老师。他为人谦和，风趣幽默，在年轻教师面前全无架子，对待学生更是和蔼可亲。我在珠海校区做辅导员时，常能在校园里碰见坐了两个小时岐关大巴，奔波而来看望学生的黄天老师，满面笑容的他被一大群叽叽喳喳的学生包围着。那一年，他为我这个新入职的年轻人最好地诠释了什么是教师。黄天老师也始终关注青年教师的成长，博士毕业后有好一阵子，我在学术上比较散淡，等到我终于有论文出现在比较高质量的学术刊物上时，黄天老师笑眯眯地对我说："小郭，终于看到你写东西了。"我汗颜。我把这句话当作鼓励，亦当作鞭策。看着黄天老师每天一大早骑着他那辆招牌单车到工作室编纂《全明戏曲》，风雨无阻，作为后学的我对待学术亦不敢再懈怠。

黄天老师在古典戏曲和诗词研究方面的成就早为学界公认，他的学术活力经年不衰。我辈研究新文学，仰视的多是黄天老师这样治古典的学者。大致说来，学者的类型，或偏重学识，或长于才情，或专注旧学，或向往新知。以此观之，黄天老师则是两者兼备。他出版的学术论集有《冷暖集》《深浅集》《俯仰集》《方圆集》等诸种，书名内敛而有才情。除了这些严谨的学术著述，黄天老师还有多种散文集行世。在长期的学术研究和不算短的行政工作中，不为知性垄断而保持感性活力的学者，在当下的大学体制中为数不多，而这似乎也是当代学者与前辈的差异之一。遥想当年，鲁迅先生治小说史也作小说；闻一多先生在古诗词、古文字、音韵学方面下过不少功夫，同时也是“新月派”的代表诗人；钱锺书先生是学贯中西的大学问家，牛刀小试，一本《围城》也能畅销许多年。治学同时也创作，似乎是新文化的传统之一，这些学者不仅在学术著述中留下了自己的精神自叙传，同时也在学术著述之外，以诗文、小说的形式敞开自己的人格与襟怀。我以为，这是一个完整的文学研究者的精神世界。黄天老师治学亦为文，赓续的是新文化的传统。我愿意在这样的脉络中阅读和理解黄天老师。

好像是孙犁先生说过这样的话：年轻时写诗，中年时写小说，老年时写散文。年轻时豪气畅达，配合着诗的激情；中年时渐渐明了人世，应和了小说的写实；老年时看遍世间沧桑，终能成就散文的平和冲淡。这自然不宜一概而论，但通常是在有丰富的人生阅历之后，才可能臻于世事洞明、人情练达的境界。黄天老师应该是在这样的境界中开始写作散文的，这让我们有机会读到那些从容不迫，融学养、才气与识见于一身的散文。

黄天老师的散文，大致在“学者散文”的脉络之中，但又独具个人特质。《中大往事》是一个人的大学记忆，《岭南感旧》是一个人的家国记忆，而这本由《岭南新语》修编的《烟火广州 至味人间》则是一个人的家常记忆，虽是个人的小叙述，呈现的却是历史和社会的大气象。而在这些篇什中，黄天老师无疑也从不同侧面塑造了他作为学者、诗人和知识分子的形象，或者说这些散文，呈现了学者的识见，诗人的情怀和知识分子的道义。散文中的黄天老师和生活中的黄天老师，差不多是同一个“文本”：在日常生活中，食人间烟火；在精神世界中，感时忧国，与时俱进。他有一篇谈广州精神的散文名为《生猛淡定》，我觉得，生猛是他描摹的这个时代的特征，而淡定则是他面对这个时代的心态。

忆往与感旧，并不意味着一位学者或作家只是在历史的隧道中徘徊。黄天老师不是一个怀旧者，他的忆往与感旧，都是面对当下的，而他的起承转合，也是他对现实的认知和感悟。黄天老师这本《烟火广州　至味人间》，在现实语境中追忆消逝的种种“风景”：他在儿童节里说玩具；“打边炉”时讲意趣；重九登高放风筝；文化公园看攻擂；大榕树下忆乡情……或者，闻弦歌而知雅意；木屐声中听绝响；阳春烟景闻书香；烧衣祭祀说盂兰……在黄天老师的笔下，事物、器具、风俗、礼仪、人情世故、饮食男女，皆成文章。这些文章常常以短小的篇幅，结构出时代的变迁，每每由小见大，引申出他对时代之变的思索。如果说《中大往事》沧桑，《岭南感旧》淳厚，《烟火广州　至味人间》则多了些许童心和理趣。

今年的广州好像特别多雨，走笔至此，不禁想到黄天骥先生，在声声入耳的“风声雨声读书声”中，将会写下什么样的文字？是一件令人期待的事。

第三章 饮食男女

目录

第五章 珠水人家

目录

1. 西关人家的早餐，芭蕉叶下的广式生活。

2. 走出西关大屋的趟栊门，开启美好一天。

3. 鸡公榄和飞机榄是老广的传统零食。

4. 妈妈和孩童外出购物，骑楼街坊邻里和睦相处。

1. 一班老友记齐聚，得闲饮茶。

2. 广绣是中国四大名绣之一。广绣出口的全盛时期是清朝乾隆年间，扬名海外。

3. 每个老广的记忆里都有一间凉茶铺，喝凉茶是一种生活方式。

4. 老广的骑楼“慢生活”——在天台打麻雀（麻将）。

第一章 生猛与淡定

“生猛”与“淡定”，

是对立的概念，却辩证统一在广州的精神层面上。

古人有云：“动如脱兔，静如处子。”广州人的品性，庶几近之。

说“生猛”

20世纪80年代初，我在北京看到不少餐馆，贴有“生猛海鲜”的广告。点来一尝，发现货不对板，那不过是些冷藏过的冰鲜，毫无生猛可言。我问服务员：什么叫“生猛”？他不懂，只说这海鱼是从广州空运过来的。你们怎么叫，我们跟着说。我哂然一笑，也懒得解释。到现在，“生猛”一词，已全国通行，这也是改革开放后粤语词汇向北渗进的一例。

“生猛”是广州人常用的词语。生，是活生生的意思；猛，是对“生”的形容。若按“猛”字原义，指的是凶恶、凶猛。但在粤语中，“猛”字则更多含有“厉害”的意思，未必与凶猛有关。像说“这人很猛”，是说他有权势或有名声，并非说他很凶。又像说媒体上“有猛料”，是说有惊人的消息，并非说发生凶案。若说某人“龙精虎猛”，是指他健康强壮，活力四射。易言之，生猛者，乃指活蹦活跳，生命力充沛，其举动能使人陡然一惊之谓也。所谓生猛海鲜，是说这是从海里抓来的鲜鱼，活活生生，跳跳脱脱，吃起来自然肉质鲜美。

喜欢“生猛”，这和广州人的品性有关。

孟子说："南蛮鴃舌之人，非先王之道。"岭南人就是他老人家所说的"南蛮"，是不同于中原地区的族类。当年，居住在珠三角的原住民，属古越族。但从秦代开始，中原人逐步南下，其中又有四次大规模南徙。珠三角土地肥沃，气候温和，中原人落脚于此，与古越族通婚融合，在生理上、文化上形成了特具的基因，成为一统多元的中华民族和中华文化重要的宗脉。

和中原人相比，从前广州人肤色稍黑，颧骨稍宽。就体质而言，广州人不同山陕大汉，少有高大威猛，多属短小精干。而躯干短小加上小肌肉发达，反让广州人的动作幅度较小，关节灵活，反应敏捷。所以广州人擅短跑，擅小球。"动如脱兔"，这就是"生猛"。前些时，广州的足球队曾有"小、快、灵"的踢法，一些运动员还被称为"泥鳅"和"矮脚虎"。这些，都与广州人根据自身条件，扬长避短，突现"生猛"的特质有关。

就精神层面而言，广州人的"生猛"，表现为朝气蓬勃，思路活跃，机变开放，敢为人先。早在二十世纪初，冯如便敏锐地认识到航空事业的重

广州人的“生猛”，表现为朝气蓬勃，思路活跃，机变开放，敢为人先。

要性，毅然到美国学习，自行制造飞机，成为我国飞上长空的第一人。马应彪则吸收了西方的经贸思想与经营模式，组建先施公司，成为中华百货之父。众所周知，广州在近现代充当过两次推动中国历史的火车头。这一切，和这块与时俱进的热土，升华出生猛的精神息息相关。

改革开放以来，人们不是常说广州在执行政策时擅打“擦边球”么？打“擦边球”，即像打乒乓球那样，把球击到球桌边缘，这有出界的危险，又有制胜的机会。它既不违反游戏规则，又用尽、用足政策。显然，没有冒险的精神，没有机灵的头脑和敏捷的身手，“擦边球”是打不出来的。敢于采用这样的打法，正是“生猛”精神的体现。

话又说回来，敢于冒险，敢为人先，如果没有“淡定”的心态，没有镇定自如的信心，“擦边球”也打不出来。本来，“生猛”与“淡定”，是对立的概念，却辩证统一在广州的精神层面上。古人有云：“动如脱兔，静如处子。”广州人的品性，庶几近之。

广州人注重食材的新鲜，要吃“生猛海鲜”就是其中一个写照。

说“淡定”

说到“淡定”，这使我想起了二十年前“非典”在广州肆虐的情况。

据说“非典”病毒首先在广州附近出现，多人受到感染，形势严峻。各有关部门一方面积极研究治疗措施，一方面号召人们提高警惕，提醒大家在公共场所要戴口罩，等等。当年，广州确实紧张过一阵。但经过白衣战士艰苦卓绝的日夜奋战，险情逐步舒缓，生活渐趋正常。人们既不掉以轻心，更是坦然面对。早茶照饮，马路照逛，不久，连戴口罩上街的人也稀少了。这段期间，广州人表现出镇定乐观的精神，令人叹服。反观别的一些地方，人心惶惶，比广州紧张得多。那时，一位作家不得不前来广州，他只好咬咬牙“下定决心，不怕牺牲”，戴着四重口罩南下。一路上如待决之囚，战战兢兢。谁知出了白云机场，举目四望，竟发现广州人优哉游哉，不见有什么人半蒙着脸上街，他才舒口长气，脱下了沾满汗水的四重口罩。当我们听到他的诉说，哄笑之余，也深深感到广州人的“淡定”。

“淡定”和“生猛”一样，原只是广州流行的词语，不过现在已全国通行，这是粤语词汇向北渗进的一例。

“淡定”的“淡”，源于古汉语的“澹”。澹，是恬静舒坦的意思，老子说：“澹然其若海。”粤语词汇多有古汉语遗存，“澹”“淡”同音，俗写“澹”，可作“淡”。再加上“定”字，强化了安定的意味，这就有了“淡定”一词。

广州人喜欢“生猛”，又有“淡定”的品性。所谓“淡定”，有两重意思，首先，它指遇事镇定；对自己，对生活，具有充分的信心。“非典”时期广州人的表现，正是“淡定”心态的明证。

“淡定”又指优游舒泰，自得其乐，享受生活。在过去，即使是贩夫走卒，不是也有“叹早茶”的兴致吗？人们还常说“叹世界”，“叹”者，享受也。在街头巷尾围观下棋，在榕树荫下吹拉弹唱，开“私伙局”，都属“叹”，都是在享受人生。当然，不同的阶层有不同的“叹”法，但热爱生活和追求恬适的心态，则是一致的。

谁都知道“食在广州”，原因是广州人无论对天上飞的，地上爬的，既有放在锅里侍弄妥帖的信心，又有“撚几味”满足味蕾的情趣，因而乐于烹饪，善于烹饪。淡定的心态，决定了厨艺的精巧，如此代代积累，让广州成了饮食的天堂。

存在决定意识，广州人具有淡定的品性，和珠三角特定的环境息息相关。从古以来，这里的生活条件，有难，也有易。所谓难，是气候变化无常，阴晴不定。屈大均说："岭南濒海之郡，土厚地卑，阳燠之气常泄，阴湿之气常蒸。"人们一年四季，辛勤劳作，随时要应付风云的变幻。而从事商贸者，机会风险并存，态势变化莫测。这艰难而又多变的环境，反养成了广州人正视现实，处变不惊的自信心。

所谓易，是岭南气候温暖，植物易于生长，鸡豕易于繁殖。兼且水陆交通便利，海客来往频繁，易于捕捉商机。只要勤勤恳恳，也易于获得温饱。在夙兴夜寐奋力拼搏之余，追求恬适舒泰，享受"一盅两件"之类的乐趣，便成为多数广州人的集体潜意识。

以我看，客观环境和传统积淀等元素，交织成广州人淡定品性的基因，也让广州人性格和思想存在保守的一面。对此，短文不能缕述，聊备一说而已。

粤语有云："淡淡定，有钱剩"，意为凡事要处变不惊，淡定从容，这也是广州人的生活智慧和生活哲学。

岭南·印象
財

第二章
岁时广州

如今，广州元宵放烟花点花灯的美景，早被“小蛮腰”和周围琼楼玉宇的蜃光幻影取代了。

传统节日的味道，也与时俱进地有所改变。

不过，广州人祈求幸福和谐的潜意识，一直沉淀并延续下来。

东风夜放花千树

农历正月十五，元宵节到了，又该是吃汤圆的时候。

在古代，元宵节曾被视为中国的情人节。在春节过后第一次月圆之夜，家家户户，大街小巷，都会点起花灯。灯色争妍斗丽，灿烂辉煌。通都大邑，还会扎起鳌山，堆起层层叠叠的花灯，更要燃放烟花，舞狮舞龙。宋代辛弃疾词云：“东风夜放花千树，更吹落星如雨。”写的正是元宵灯节晚上的街景。

这一夜，金吾不禁，任由红男绿女，呼朋引类，四出游玩观灯。观灯，被视为在盛大节日里不可或缺的环节。明代戏剧家汤显祖在广东徐闻当县令时，“纵囚观灯”，让囚犯们有机会在元宵节赏灯，一时誉为德政。至于被深锁闺中的女子，一年到晚，难得有“放风”的机会。只有在元宵节，她们才可以打扮得花枝招展，走出家门，游游逛逛。于是，有人乘机“打雀咁（那般的）眼”，饱餐秀色，“众里寻他千百度”；而由眉来眼去发展到密约偷期者，时或有之。在这意义上，元宵节被视为“情人节”，也未尝不可。欧阳修有“花市灯如昼；月上柳梢头，人约黄昏后”之句，写的便是当时元宵的风流韵事。

从20世纪30年代起，广州人过元宵节，家家户户也在厅堂里张挂花灯。灯式有走马灯、宫灯、鲤鱼灯、荷花灯，等等。不过，街市上却没有灯海鳌山的盛况了。抗战胜利后，商铺开始采用霓虹灯装饰招牌，夜里马路上五光十色，亮成一片。到市廛赏灯的元宵旧俗，也渐渐消散。不过，人们为祈福求子，倒还是要在家里挂起花灯拜神的。“灯”与“丁”谐音，张灯结彩，是期盼上天保佑添丁发财。如果有孩子出生，还要到庙宇酬神，这叫“开灯”。屈大均在《广东新语》中说：“广州灯夕，士女多向东行祈子，以百宝灯供神，夜则祈灯取采头”，“生子者盛为酒馔庆社庙，谓之灯头”。至于家家吃糖心汤圆，也是寄寓着对团圆甜蜜的期待。

小时候，我住在西关。元宵佳节，除了看到家里点上花灯外，白天，还看到街上穿行着狮队。那奔腾跳踯昂头振鬣的醒狮，仿佛是广州人生猛的象征。晚上，街头巷尾响起了“锣鼓八音”，或者有盲妹在清唱粤曲。月色微茫，乐声优雅，洋溢着广州人淡定的生活情趣。

“东风夜放花千树”，到如今，广州元宵放烟花点花灯的美景，早被“小蛮腰”和周围琼楼玉宇的蜃光幻影取代了。传统节日的味道，也与时俱进地有所改变。不过，广州人祈求幸福和谐的潜意识，一直沉淀并延续下来，实际上，它才是元宵节蕴含的主调。因此，采取种种形式，继承文化遗产，发扬民族精神，也是很有意义的。

如今，许多情侣喜欢过西方流行的“情人节”、买束鲜花送给她，以示爱意，而表温馨，无论是99朵红玫瑰还是一朵郁金香，既可增添浪漫的情趣，也可推动市场的消费，这何乐而不为！至于有人愿意体会元宵夜时“人约黄昏后”的韵味，已婚者点花灯以求子嗣，也颇有诗意。“麻油拌韭菜，各人爱所爱”，包容交融，从来是广州人的心态。

元宵节又称灯节，西关的大街小巷都挂上各式各样的彩灯。

广州人过元宵节除了吃汤圆，家庭团圆聚餐外，还会去逛灯会、猜灯谜，越秀公园每年都举办元宵灯会。

红钱山白 甘蔗烧猪

“清明时节雨纷纷，路上行人欲断魂。”从四月初到五月初，广州银河公墓一带，行人纷纷纭纭，摩肩接踵，汇成人流。这时天气渐热，人们怀着孝思挥汗奔忙的情景，实在令人感动。

清明，原是农历廿四个节令之一，当寒威渐退，淑气开回，又该开始耕作了。农谚云：“清明一到，农夫走跳。”又传说，在春秋战国时代，晋文公为纪念宁被烧死不肯出仕的介子推，下令在清明的前数天，不准举火做饭，称为“寒食节”。后来民众索性把清明与“寒食节”结合起来，利用即将开耕的余暇，拜扫祖先冢墓。久而久之，清明节的内涵，便侧重于人们表达慎终追远的孝思了。

《红楼梦》有句云：“纵有千年铁门槛，终须一个土馒头。”中原地区的坟堆，确也像一个个从平地里凸起的馒头。小时候，我在清明节跟着大人到广州近郊上坟。举目四望，坟茔都建在丘陵地带，倒像是从地面凹下去的一张张“公座椅”。“椅”作半月形，左右两边伸出的泥堆，称为“山手”。“椅”后侧另立小碑，称为“后土”。当人们来到亲人坟边，附近村民便扛起锄头围拢上来，说要帮忙除草修墓，讨取“红山利市”。这其间，

清明节吃烧乳猪的习俗在广州历史悠久。

乳猪“红皮赤壮”寓意家族人丁兴旺，身体健康，几乎是家家都少不了的应节之物。

双方少不了讨价还价。说来有趣，近代广州的商业意识，也弥漫到荒野坟冢间。

坟茔清理完毕，村民便锄出些土块，置于坟头和“山手”“后土”之上。土块如仰碗，与复土构成一阴一阳模样，用以压着被称为“红钱山白”的陌钱。然后，叔伯带着我们小兄弟摆上甘蔗烧猪等祭品，焚香展拜。礼毕。大家在坟边或站或坐，一面嚼食着甘蔗，分发烧肉；一面诉说些家族源流，逝者往事。面对荒冢，大人们或戚戚然若有所思，孩子们则更多把上坟视作短足旅行。当蜡泪成灰，冥镪熄灭，大家相率下山。黄昏里，丘陵处处，只留下红白的陌纸在风中飘拂，点缀着荒野的苍茫。

传统节日的民俗形态，往往折射出一定时期和地区族群的心理意识。在中原，清明上坟，哀思笼罩，“纸灰飞作白蝴蝶，血泪染成红杜鹃”（高翥诗）。扫墓时，人们也有在“土馒头”压上黄色陌钱的习俗。而广州人压坟的“红钱山白”，乃是两张不同颜色的陌纸，一张红色，一张白色。白色自然与丧事有关；而红色，则有吉祥的意味。这一白一红，哀乐交集，方死方生，它反映出广州人在思亲的日子里对待生死的态度。

近三十年，广州推行火葬，郊野坟冢，夷为平地。清明时节，人们多是到放置骨灰的场所缅怀逝者，这一来，在坟上压放“红钱山白”的旧俗渐渐少了。随着时代的发展，一些属于物质或非物质的文化形态有所变化，也是很自然的事。

不过，广州人在清明供奉祖先的祭品，到现在，依然必备甘蔗与烧猪。甘蔗切段，祭毕，人们相率把蔗吃完，取其有始有终之意，并祝祷生者像“一碌蔗咁掂咁甜”（意思是祝愿生活像一段甘蔗那么顺畅那么甜润）。至于以外红内白的烧猪致祭，则是期望先灵保佑子孙“红皮赤壮”，健康吉祥。实际上，甘蔗烧肉以及“红钱山白”等独特的清明符号，寄寓着广州人在哀思中又融合了憧憬幸福生活的情绪。

广州的清明节，人们让缅怀与期盼的感情融合在一起，实在意味深隽。逝者既已矣，生者日方长。正视现实，着眼未来，这正是淡定乐观生活态度的表现。而从清明祭祀的一些特定的符号里，我们也可以窥见广州的品性。

如今，清明节前后，在广州的菜市场和老城小巷中，还能看到卖清明蔗的商贩。

甘蔗有节，意为“节节高”，寓意家族一直繁荣、生活甜蜜幸福。

赛龙夺锦话端阳

龙船鼓响，它提醒人们：端午节又到了。

端午节，亦称端阳节。过去还可称之为“重五”“重午”“端五”。端，始也。端阳，指的是阳气来临盛夏即将开始的意思。

关于端午节的来历，古人有各种说法。有说是纪念春秋时代吴国忠臣伍子胥的；有说是纪念汉代孝女曹娥的；有说是纪念伟大诗人屈原的。由于屈原的爱国精神感人至深，人们把端午节和屈原联系起来的传说，流传最广，影响最大。有人甚至称五月五日为诗人节。

其实，端午节的起源，与屈原并无关系，《礼记》中早就有“五月五日，蓄兰为沐”的记载，屈原也有“浴兰汤兮沐芳华”的诗句，可见在他之前，已经有了端午习俗了。所谓“浴兰汤”，是以草药煮水沐浴。据知壮族民众，一到端午节，纷纷上山采药，用以煎水全家洗澡，认为可以防生疮疥。这习俗正是“沐兰汤”的孑遗。当天，壮族圩镇还举行药市，贩卖蛇药、蛤蚧之类药品。

以我看，初民重视端午节，与春夏之交气温渐热，病菌滋长，蛇虫出洞的环境有关。它提醒人们要注重清洁卫生了，还要准备药物以备不时之需了。屈大均在《广东新语》载，广州在“五月自朔至五日”，“浴女兰汤，饮菖蒲雄黄醴，以辟不祥”。在解放前，端午节时，广州家家在门口插上菖蒲或柳枝，在小孩的额头涂点雄黄，据说这可以“辟邪”。辟邪者，撇开其迷信外衣，乃是祛除疾病的意思。可见，最初，老祖宗们过端午节，实质是要搞一次群众性预防疾病的卫生运动。

端午节最重要的符号，莫过于划龙舟了。至于划龙舟的起源，上面提到的传说，有各种解释。但若撇开其附丽的故事，其实，它本身也不过是与卫生运动有关的群众性健身活动。而在不同的地域，“端阳竞渡”又有不同的方式。在余杭地区，比赛胜负的标准，是看龙舟击桨是否齐整，踩艄姿态是否优美，倒不计较前进的速度。

在广州，“赛龙夺锦”，龙舟是以速度分出胜负的。这规矩，早在明清时期就存在了。据屈大均说，那时各乡埠的龙船，抽签分组，每组两艘。胜方和另一组的胜方，进行复赛。如此轮轮淘汰，胜者再进入半决赛、决赛。获得全胜者，称为夺得“头标”。凡是夺得头标的乡埠，便“张伎乐，簪花挂红”，“广召亲朋燕饮，其埠必年丰人乐，贸易以饶云”。

如今，在珠江看赛龙舟，场面十分壮观。赛前，只见彩旗罗伞，迎风招展，多艘龙舟在江面上悠转，健儿们先做预热运动。当比赛开始，枪声一响，健儿们随着鼓声，奋力划桨，动作齐一，船如箭发。霎时间锣鼓喧天，观众们齐声呐喊。那“九万里风鹏正举”奋勇向前的气氛，让人血脉贲张，精神亢奋。龙舟赛后，各乡镇居民还保存着筵开百席，乡里欢聚的老习惯。此外，不同乡镇的龙船，还互相按礼访问，彼此热情招待。这特有礼仪，和珠三角河汉纵横，水边乡镇的近邻远亲，需要保持密切的联系有关。于是，端午的扒龙舟，除了作为群众性的健身运动外，又有了爱家乡，聚友情，增强文化认同感的内涵。

从春秋时代到现在，习俗代代相传，但在不同地域，不同年代，端午节的内容与形态，已逐渐变化。以扒龙舟为例，“吊屈原之溺水”的说法渐渐淡出。在广州，它更多是包含着增强体质、增强团结的意义。传统要继承，传统要发展，这也是历史的必然。

广东音乐《赛龙夺锦》，由广州番禺沙湾人何柳堂（1872—1933）在百年前创作，描述珠江三角洲的水乡端午节，龙舟竞渡的热闹情况，可见扒龙身的习俗由来已久。

“七夕”的意蕴

农历七月七，人称“七姐诞”，拜祀活动在晚上举行，故又称“七夕”。前些时，有人以为这是“中国情人节”，其实是天大的误解。

在古代，我国便有牛郎织女的传说，它是农业社会男耕女织形态的反映。到汉代，这传说强调织女是玉皇第七个女儿，她爱上牵牛绳的农夫。玉皇大怒，但“生米煮成熟饭”，便把他们分隔在银河两边，每年七月七日，才让这对可怜的小夫妻过河一见。《古诗十九首》有“盈盈一水间，脉脉不得语”之句，写的正是小夫妻被阻隔之事。广大女性，同情受压迫的七姐，便流行拜七姐的活动。实际上，这是人民不满宗法社会门阀制度的曲折表现。

在唐宋以后，有了科举制度，中举者往往“富易妻”。这一来，受损害的女性，觉得牛郎织女虽只能一年一见，却总算是“生生世世永为夫妇”(《长生殿》语）。词人秦观说：“两情若是久长时，又岂在朝朝暮暮。”显然，在封建时代后期，“七夕”多了作为弱势群体的女性，祈求婚姻牢固的意蕴。

解放前，“七夕”是妇女的盛大节日。据说，七姐是天上的织布能手。旧时代妇女讲究“妇工”，便向七姐“乞巧”，乞求她传授心灵手巧的手艺。其实，姑娘们所谓“乞巧”，不过是“斗巧”。在广州，无论贫富之家，姑娘们都会梳妆打扮，点上香烛，“先期备办种种奇巧玩品，并用通草、色纸、芝麻、米粒等，制成各种花果仕女器物宫室，等等，极钩心斗角之妙”（见《广州岁时记》）。她们任由亲友参观，力图显示手艺的精巧。这一点，和各地的习俗大同小异。

在我的印象中，广州“七夕”最独特的摆设，是桌上必有禾秧。女孩子们在每年的6月下旬，把谷粒放在小瓦盆上，注入清水，过几天，谷粒发芽，长成为嫩绿色的禾秧，到“七夕”，密密的秧苗高约七八寸，姑娘们便用红纸条把青苗框着，供奉到桌上。这摆设，不知是什么意思。仔细一想，牛郎是种田的农夫，摆放青苗，不正是牛郎的象征么！广州人拜七姐，兼拜牛郎，分明是对夫妻团聚的期待。

另外的供品，是“棋子饼”。这东西，像体积稍大的象棋，堆成塔状，并不好吃。它又称“摩罗酥”。摩罗源于梵语“魔合罗”，意为宝贝孩儿。

在唐代，“七夕”的供品，是有用盒子装着蜘蛛的，它称为“蟢蛛儿”，有求子的意思。广州人继承了这一传统，又觉得蜘蛛“屈突”（肮脏），便加以变通，改用“棋子饼”。棋子，不就是“祈子”的谐音么？过去广州的女性在“七夕”祈求生个儿子，生个宝贝孩儿，于是有了这独特的供品。其意虽然隐晦，心情却可理解。

从古到今，在不同的历史阶段，“七夕”拜七姐的内涵也在变化。这一天，说穿了，是妇女表达愿望和展示才能的日子。以我看，与其说“七夕”是中国的“情人节”，不如说它是中国古代的“妇女节”。

近年来，人们逐渐重视文化传统，有些地方也恢复“七夕”的活动。作为文化遗产的活化石，把它保存下来，也是必要的。不过，由于“七夕”传统的意蕴，除了展现女性的手艺以外，其他方面，已不易与现实生活衔接了。至于要表现妇女的“巧”，也还需要不断地更新“巧”的符号，让它更能吸引人们的兴趣。

我们要继承传统，增强民族的认同感，让生

活多姿多彩。我们也要不断更新传统，结合现实生活，赋予新的内涵，让它更具生命力。

南宋诗人刘克庄有诗道：“粤人重巧夕，灯火到天明。”乞巧节，广州人习称“七姐诞”“摆七娘”，历来重视过此节。如今，天河珠村是广州乞巧活动最集中、规模最大的村落，被誉为“中国乞巧第一村”。

牛郎织女鹊桥相会。

烧衣祭祀说盂兰

近来，有关“孝”的问题谈得许多，网民们也议论纷纷。

“孝”，应属于道德范畴。不过，古人提出“以孝治天下”，有些规定，成为法规，是不能违反的。例如父母去世，当官者必须辞官回籍守孝27个月，这叫“丁忧”，否则便属犯法。但是，他们更多是通过正面宣传孝行，推行与“孝”有关的仪轨，甚至不择手段，利用迷信的形式歌颂孝子，打击忤逆，把孝道推到极端。每年农历七月十五，便是儒道佛三教结合起来宣扬孝道和爱心的节日。

七月十五，被称为盂兰节。“盂兰”，是梵语“倒悬”的音译。救人于倒悬，自然是做好事，做善事。据佛教故事说，佛陀的大徒弟目犍连（或称目连、罗卜），其母青提夫人一生做尽坏事，死后被打进十八层地狱。目连睁开法眼，见到母亲在地狱挨饿，便赶紧给她喂饭。谁知饭到嘴边，化为烈火，青提根本吃不下去。目连很伤心，求助于佛陀。佛陀见他孝顺，便告知，其母罪孽深重，解救的办法，唯有在七月十五日，准备饭食果品，布施十方僧众，方能救赎。目连遵嘱，其母果然得救。从此，许多人效法目连的孝心，在十四或十五那天救助饿鬼，超度亡魂，这就有了“盂兰节”的习俗。传说这段时间，阎罗王打开了地狱之门，让无主孤魂也可到人间蹭饭。在道教，则以七月十五为“中元节”，说这是地官赦罪日，其意义也与佛教差不多。

在广州，解放前人们称盂兰节为“烧衣”。因为那天晚上，除了要给亡魂供奉食物外，还要焚烧剪制的小纸衣和用卷成布帛模样的衣纸。那一天，我们小孩子的心情也很忐忑，因为饭前祭祖，多有芋头炆鸭这道好菜。在秋夏之交，鸭子正肥，芋头个大，以酱焖熟，滋味浓郁。我们拜过祖先，便据案大嚼，尽情享用祖先的余唾。有机会先当上一回“饿鬼”，自然十分愉快。不过，饭后，夜渐深，婆婆妈妈们到门外焚香点烛，烧衣拜祭，我们躲在一旁观看，心情又有点恐惧。不知道在火光后面的黑影里，是否真的有饿鬼出没。这时候，嘴里芋头炆鸭的美味，也惶惶然淡出。

屈大均说，广州人“十四祭先祠厉为盂兰会”。可见它和清明节一样，都有祭祖尽孝的性质。只不过清明节以纪念介子推的传说推行，而盂兰节则有

盂兰节，可以寄托对逝去亲人的哀思，又让人谨记父母的恩德，是一个跟孝道有关的节日。

更多的宗教迷信色彩。当然，人死如灯灭，谁见过鬼了？不过，中国人从来重视孝道，每逢节日都要拜祖先。就盂兰节而言，除祭祀自己的祖先外，兼祭无主孤魂。这一点，在迷信的外衣下，其实与儒宗提倡“老吾老，以及人之老；幼吾幼，以及人之幼”的精神一脉相通，是以神秘的色彩，向人们灌输“己欲达而达人”的仁爱教育。

我不主张“烧衣”，这里有防火和给孩子心理影响的问题。不过，从我国传统以及日本、韩国、越南、新加坡等地，到现在都还有过“盂兰节”的习俗看，可见其影响的深远。话又说回来，与其在父母身后，才想念双亲养育的劬劳，倒不如珍惜现在，趁父母有生之年，努力去尽子女的责任。纵不能膝下承欢，也应“常回家看看”。我理解一些法制人士，要求就此立法，也是出于对当下风气的焦虑，用心良苦。敲响警钟是必要的，至于是否行得通，还有待社会的检验。

在盂兰节到来之际，有些人遵循旧俗，“烧衣”祭祀，也不必大惊小怪，传统文化，本来就是精粗杂陈。对此，我们应该有清醒的认识。

但愿人长久

在我国，传统的节日很多，最被看重的，是春节、清明与中秋。而这三个节日，无一不与思亲有关。

前一段，人们议论是否应把“常回家看看”列为法规的问题。老实说，我并不太担心我国几千年来，“孝”的传统会渐湮灭。在广州，请看清明时节，扫墓的路上水泄不通；春节期间，几亿人口大转移，让全世界大吃一惊。这时刻，中国人不就是为了要探视逝去和活着的父母亲人，以尽孝道么？

在几个思亲的节日中，中秋节，倒是较不易解决“常回家看看”问题的。因为在年中工作正忙之际，抽空回家，确也不易。这情况，自古皆然，否则，苏东坡也不会在中秋之夜，不能和弟弟相聚，只好发出“但愿人长久，千里共婵娟”的喟叹了。

关于中秋节，据称与“嫦娥奔月”的传说有关。嫦娥偷了丈夫后羿的仙丹，飞上月亮，当了神仙，人们羡慕不已，纷纷拜月祝祷。不过，也有人替她惋惜，李商隐诗云：“嫦娥应悔偷灵药，碧海青天夜夜心。”不错，她是可以永居月宫里了，却又永不能和亲人在一起，这不是很遗憾吗？而愈是遗憾，便愈是期待。这羡慕与遗憾的交织，让中秋充满期盼的诗意。因此，从古以来，无论贫富，也无论亲人能否团聚，在中秋，“今夜月明人尽望”（唐·王建诗），大家都会举酒邀明月，共祝团圆，期待幸福。

我国素有尚圆的传统，《易经·泰卦》说“无往不复”，就是指天道是圆的，人道也是圆的。圆，意味着圆融、和谐。中秋，正是月亮最圆的时候。于是，圆圆的月亮，成了人们期盼幸福期待团圆的符号。

广州人的中秋节，一家人围坐在一起，聚餐，聊天，赏月。晚餐过后，明月当空，小朋友手执花灯走街串巷，广州的传统中秋味好浓。

在广州，中秋节人们对“圆”至为重视。小时候，我们在那天吃的玩的主要物品，形状多与圆有关。像月饼，形状近于扁圆，其内容，多是莲蓉、豆蓉，而莲子和豆子，是圆形的。饼中又有圆圆的蛋黄。拜月时用的果品，像柚子、红柿、油柑子、龙眼、芋头，都是圆形的。广州人还喜欢对着月亮吃田螺，先用清水把田螺泡浸干净，又以蒜头豆豉紫苏辣椒爆炒，中秋时一家团团围坐，对月吮吃，其味无穷，其乐也无穷。那些大大小小的田螺，也是圆形的。饭后，孩子们提着花灯，游游逛逛。花灯用竹篾制作，呈八角形。但我们从不叫它为八角灯，偏偏称之为“批皮橙”，即削了皮的橙子，这也是有圆形的喻意。

传统的风俗习惯，是人们意识的反映。广州人在中秋节，尤其重视“圆”的符号，这不正表明对和谐幸福的恳切期盼么！

登高重九说风筝

农历九月九，重九节快到了。按照古人的理解，九，是“阳”的最大数。九月九，两个“阳”重叠，亦即到了“阳”的极限，意味着要转向“阴”，寒冷天气就要到来了。趁在这深秋将冷未冷的最后一天，古人便搞一次集体郊游活动，亲朋戚友，大家一起登山，所以“重九节”亦称“重阳节”，或“登高节”。登上丘陵游览，兼可祭祀祖茔。古人把这天与“清明节”对应，又称之为“清秋节”。而登高望远，瞻视未来，则是这节日最为深层的内涵。

在过去，“重阳”，最具符号性意义的物品，一是茱萸，一是菊花。对菊花，广州人情有独钟，小时候，我们常唱童谣：“九月九，齐齐洞（竖）起菊花手。”秋风一起，菊蕊迎霜，开遍南国庭院。广州人还有在重阳节放风筝的习俗。据屈大均在《广东新语》说：“九月九日载花糕萸酒，登五层楼双塔放响弓鹞。”响弓鹞，就是带着哨子，会被风吹响的风筝。

直到解放初，放风筝仍是广州人的爱好。每到太阳下山，西关一带，满天都是风筝。那时的风筝，以竹篾和画上花纹的薄纸制成，制作简单，呈菱形的叫“高庄”，呈弧形的叫“大马拉”。如果风筝拖着一条长长的纸尾巴，它的飞行会比较稳定，就像在天上亭亭玉立的少女。如果风筝没有尾巴，则动作比较敏捷，就像是在天际翱翔的飞机。有些人玩风筝，是为了战胜对手。当两只风筝飞近，甲方瞄准乙方，俯冲过去，风筝的线，便互相纠缠在一起。这时候，就看哪方的线更坚韧，哪方受风面积更大，飞得更快。经过一番扭来扭去的厮杀，必有一方的线被锯断，那断线风筝便随风飘荡，活像失魂落魄的斗败公鸡。而得胜的一方，必会昂起头来，扶摇直上，然后又去找寻新的“战机”。为了战胜对手，玩风筝者，除了要掌握躲闪腾挪的战术外，还要讲究武器装备。于是有人把玻璃粉末与线胶合，让线质锋利，这称为“玻璃线”；有人则以钓鱼的坚韧的丝，作为系风筝的线，这叫“鱼丝”。买不起这些装备者，只好低放风筝，避开别人的挑衅。

放风筝和观看风筝的“空战”，是十分有趣的。不过，当放风筝成了广州人秋日的常态时，它便不再作为重阳节的特定符号了。到了20世纪50年代

放风筝粤语叫作“放纸鹞”。粤语童谣：九月九，系重阳；放纸鹞，线爱长；纸鹞飞得高，个个乐洋洋。

中后期，放风筝者也逐渐稀少。这一方面是要搞“大跃进”，另一方面是城市里高压线渐多，放风筝成了危险的游戏。对此，有关部门不予提倡，也是合情合理的。

古人在重阳节跑上五层楼（镇海楼）这广州的制高点上施放风筝，更让它飞上云霄，其着眼点，无非也是“登高”。当风筝再不趋时了，从20世纪80年代中期开始，广州人便兴起在重阳节夜游白云山的活动。那一晚，万头攒动，人流像是从山脚往山上倒灌的潮水。不少人认为登上白云山可以“转运”云云，所以，小孩手上拿着的不是菊花，而是迎风转动的风车。不管怎样，夜游白云山，实质上与放风筝一样，是对“登高”传统的继承。

从放风筝到登白云，重阳节符号的变换，与时俱进，这是广州人智慧的体现。

“冬大过年”及其他

朔风渐紧，“冬至”将至。那天日照最短，黑夜最长。古人认为阴气到了极限，阳气开始萌动。在这阴阳即将交替的时刻，人们特别重视。

广州人常说“冬大过年”。对此，我曾想不通，觉得过于夸张。的确，我国各地都重视冬至，唐宋时期，它被视为“亚岁”，等于说其重要性，仅次于过年。清代苏州学者顾禄在《清嘉录》说，“冬至大如年”，也说明江南地区，把过冬和过年，同等看待。但是，总不至于像广州人那样，说它是“大过年”吧！

不过，仔细一想，老广的说法，却有其道理。现在，我国汉族人民所用的农历历法，是汉代制定的“太初历”。而在周秦以前，则多用“夏历”。夏历是以冬至节作为岁首的，亦即把过冬看成是过年。在岭南，侗族新年，是在农历十一月下旬，日子近于冬至，这可能是其祖先一直使用夏历的孑遗。广州的民俗，是汉、侗、壮各族风习的融合，人们特看重冬至，会与受侗族的影响有关。再者，岭南春天来得早，备耕也较早，而对冬至天气的观察，据称可以预测来年的收成。这一来，就岭南传统和对农业生产的重要性而言，就有“冬大过年”的说法。传统思维一代代地沉淀下来，成了广州人对冬至推重的口头禅。

话虽如此，近代广州一般人家过冬，最看重的也只是全家在一起吃吃晚饭。在中原，人们吃以五色小豆煮的糯米饭；在广州，人们则爱吃腊味饭，即以腊肠腊肉切成小粒，和糯米一起蒸煮，吃时拌上香葱和芫荽，浓香扑鼻，一家人围桌啖之，其乐融融，这“冬”就算没白过了。

过去，中国人凡在节日里，都有合家团聚，思念亲人的传统。冬至是重要节令，缅怀祖先，祈求护佑，礼节自然隆重得很。大族人家，还要聚众到祠堂祭祖宗，分胙肉。游子作客他乡，也希望回家分享。白居易说：“想得家中夜深坐，还应说着远行人。”（《邯郸冬至夜思家》）他老先生不能回家祭祖过冬，便想象家人会说起他，这是以“从对面飞来”的手法，表达对家乡的思念。

在广州，城区里很少祠堂，但西关人家，冬至时，往往会在前厅里挂上祖先的画像，这叫“真”，亦即真容的意思。小时候，当我看到挂上曾祖父的

"真"时，吃了一惊。只见画中人端坐在椅子上，身穿有马蹄袖的清朝官服，花翎顶戴，威严得很。这"真"，出自清末画匠之手，宽约一米多，长约二米多。那时还没有照相机，天晓得曾祖父的容貌是否如此？再一看，"真"上还有"朝议大夫"的官衔。我大惑不解，因为我家从来没有人做过官。叔叔悄悄告诉我，这官衔，是用钱买的。并且说，给死人买个头衔，风光充阔，自娱自乐，曾是一时风尚。很好笑，我们煞有介事地向"真"容叩头，其实是向假货膜拜。"文革"时除"四旧"，我家的"真"便不知去向了。

从过冬的拜"真"，我想到，对传统的事物要有所分析，区别对待。即如广州人说"冬大过年"云云，也不过是从祖宗那里传下来的一句老话，对它也实不必认真。所以，如果以为凡是旧的就是好的，那就错了。

“家家捣米做汤圆，知是明朝冬至天。”广州人会在冬至那天一家人团圆吃饭，敬神明、拜祖先、吃汤圆、吃腊味糯米饭、杀鸡宰鸭……

营造祥和过大年

过了农历十二月十五，老广州人便要做过年的准备了。解放前，即使穷苦人家，过年如过关，但辛苦一年，也要略事休整。粤谚云：“年晚煎堆，人有我有。”这表明大家都在年关临近之际，努力营造欢乐祥和的气氛。

从十二月十六开始，许多人家要做“尾祃”了。祃，音牙。古代拓土开疆，要向牙状的军旗祭祀，这仪式称为“祃”。祭祀时供奉的三牲酒食，祭祀后便归人享用，所以又被视为“打牙祭”。在广州，每月的初二、十六，都会“做祃”，吃饭时要添点菜色，拜祭“土地公公”，实际上是为家人或店员，制造加菜的借口。农历十二月十六，是每年最后的一次“做祃”，故曰“尾祃”。这番牙祭，自然要大杯酒，大块肉，菜式比平时丰盛许多。人们饱餐一顿，高兴一番，等于说一年生活工作，告一段落，大家和睦相处，面临新的开始。

又过了一周，约在廿三日或廿四日，人们便要“谢灶”，拜谢灶君。灶君即厨神，自然与火有关。在希腊神话，传说火是天神普罗米修斯，从太阳那里偷给人间，它代表神秘与崇高。在我国，传说燧人氏钻木取火，火是人间创造的。我们祖先对火固然崇敬，但又觉可昵可亲。随着火种从村寨“火塘”迁进厨房，它便成了专司厨灶的神祇。而妇女们在厨房里做饭时，天天都会家长里短，或窃窃私语，或骂骂咧咧。许多见不得人的闲言私隐，外人不知，可灶君老爷却听得清楚。据说，每年这个时候，灶君要向玉皇大帝述职，汇报每家善恶。这一来，人们便要“谢灶”求情了，既感谢灶君长年庇佑，更祈求他对家里的坏事丑事，掩盖遮瞒。有人还在灶君嘴上涂点蜜糖，希望他向玉帝说些甜言蜜语，“上天言好事，下界降吉祥”。真好笑，这类似向基层干部行贿的习俗，家家如此，它虽是主妇们期望宽恕以求家宅祥和的表现，但也折射出人治社会传统风气的弊陋。

“尾祃”和“谢灶”，等于人们对最密切的社交关系，以祭祀聚餐的方式作年终小结。跟着，便紧锣密鼓，迎接新春的到来。首先，男女老少，动员“扫屋”，“年廿八，洗邋遢”，连续洗涤衣服被褥，洒扫庭除。在做了大清洁的卫生运动后，家家户户，男子汉负责写春联、贴春联。广州人把春联称为“挥春”，更会说成为“威春”，这明显是希望来年能生生猛猛，交上好运的意思。妇女们则开始蒸糕，一般是蒸制萝卜糕、马蹄糕、九层糕之类，取其“步步高升”的喻意。蒸了糕，又要炸油角，炸煎堆。煎堆以糖浆拌爆米花作馅，以面粉裹成圆球状。老实说，这东西不易制作，也不很好吃，但人们又离不开它，这无非也是取其甜蜜团圆的兆头。

老广州人用近半个月的时间，营造春节祥和的气氛。这忙忙碌碌的筹办过程，也是享受天伦之乐的过程。人们期待国泰民安家庭幸福的愉悦心情，其中的乐趣，并不是物质享受所能取代。随着时代的发展，过大年的方式有所改变，旧传统的内涵有所扬弃，有所更新，这也是很自然的事。但是，注重春节人际祥和，注重家庭团聚的传统精神，则应发扬光大。

过年行花街是广州新春的一大风俗，寓意转运的风车也深受人们喜爱。

福星高照

广州人过年非常有仪式感，农历新年到来的前半个月，就开始忙忙碌碌筹办。

除夕夜“卖懒”

除夕夜，家家户户，男女老少，吃了团年饭后，多半会围着电视机，观看“春晚”节目，其乐融融。而在20世纪50年代以前，哪有什么电视机？不过，孩子们吃过了团年饭，却有另一番乐趣。

那时候，除夕之夜，拜过祖先，烧过爆仗，饱餐一顿之后，大人们多半会去逛花市，孩子们则带上花炮，衣兜里塞了一两个熟鸡蛋。小兄弟和小伙伴们便呼朋引类，大家一起穿街过巷，大呼小叫，到处游逛，这习俗，叫做“卖懒”。我们手里拿着一根点着的香，一边走，一边齐声高喊：“卖懒卖懒！卖到年三十晚，人懒我唔（不）懒！”走累了，便剥开鸡蛋吃掉。在路上，如果碰到别家“卖懒”的队伍，孩子们喊声也就愈高，互相都想竭力把对方压下去。淘气鬼又互扔花炮，胆子大的则一手捏着“电光炮”，一手点着引线，待它嘶嘶作响将爆未爆时，猛然向有女孩的方向一扔。轰的一声，女孩子们手掩着耳朵，吓得尖声大叫，我们便挤眉弄眼做鬼脸，扮小丑；有人则充好汉，装出“泰山崩于前而色不变”的模样。一路上，大家打打闹闹，嘻嘻哈哈，踏着家家户户门前爆竹的残衣碎屑，听着远远近近爆竹的零落声响，如此这般地在附近走了一圈，身上的懒惰猪便算卖掉了。

“卖懒”的习俗，早在清初已有记载。据屈大均说，除夕时，广州人“以苏木染鸡子食之，以火照路，曰卖冷”（《广东新语》）。苏木染鸡子，即以红水染鸡蛋。由此可知，当初，广州人卖的是“冷”。久而久之，“冷”演变而为“懒”。在粤语，“冷”“懒”二字音近，偷龙转凤，十分容易。到清末除夕，广州就只有“卖懒”的习俗，许多人也不了解它的来历了。

从“卖冷”到“卖懒”，这嬗变颇有意味，它多少透露出广州人性格的某些方面。看来，在三百年前，广州的冬天还是很冷的。每年年终，春天将至未至，人们巴不得迎来一片和煦的阳光，“卖冷”的习俗，反映了岭南先辈对温暖的祈盼。可是，这“冷”卖了一段，人们觉得不划算了，因为，“面包是会有的”，这“冷”卖也罢，不卖也罢，春天总是要来的。既如此，何必多此一举？广州人是求实的，这“冷”卖了一段之后，觉得没有意思，便让孩子们卖起“懒”来。这一改，意义不一样了，

在合家欢乐之际，大人们提醒孩子们卖掉“懒”，换来勤，让他们在游戏中自我勉励，不是比“卖冷”更饶深意么？不要轻视这一字之改，它说明老广们重视发挥人的主观能动性，注意激励人们发奋进取。更妙的是，老广们利用“冷”“懒”一音之转，因势利导，“转型投产”，让习俗得以保存，而在意义上则有更新和更深的开拓。这一改，点铁成金，不正是体现广州人的智慧么？

我把“卖懒”的习俗告诉一位北方朋友，他略一沉吟，说：“卖懒卖懒，你们这里，连“懒”也能拿来做买卖，真是天生的商品意识。”我不禁一怔，随即莞然。仔细一想，此君所说，也不是没有道理。当然，到现在，除夕儿童“卖懒”的习俗已不复存，但老广州人在民俗中寓教于乐的精神，依然能给我们以启发。

凌波仙子 装点春光

进入农历十二月，朔风虽紧，春尖微露，广州人就开始考虑买花迎春的事了。近年来，花农们除了大量种植传统的花卉外，还从境外引进许多新品种，把南粤大地装点得花团锦簇。不过，首先进入广州人视野中的，却是洗尽铅华的水仙花。

人们爱水仙，是它有着一种淡定优雅的风韵。当它迎春开放，一缕幽香，沁人心脾。看着它青青如玉，亭亭照水，人们仿佛自己也离开了都市的烦嚣，进入清芬宁逸的仙境。宋代黄庭坚有词云："凌波仙子生尘袜，水上盈盈步微月。"这两句诗，把水仙比喻为在月光掩映的水面上，冉冉盈盈的凌波仙女，历来被认为已写尽了水仙花的风神。

不过，许多广州人买水仙、泡水仙，除了欣赏以外，却另有一番意趣。人们希望它刚好能在除夕应节而开；花蕾越多，意味着来年会机遇更多，运气更好。这想法，其实是古人"花卜""花占"的遗存。在这里，对花的选择，乃是重要的一环。别的花卉，你可以直接观察，买水仙，可不一样。你只能从它那黑黝黝的茎块中，观察忖度它是否将来会花开茁壮，开出的"枪"（花蕾）有多少，你来年的运气，全凭你的眼力。人们对幸福的期盼，就在买水仙头的一刻开始。

根据广州人的经验，应在离春节二十天左右，便把水仙的根球剖开，冲洗干净，然后用清水浸泡。这期间，冷暖阴晴不定，若天气太冷，就要捧它到阳台上，让和煦的阳光给它增添暖意，催它发育；若天气过暖，则要采取别的措施，例如放进冰箱，抑制它的生长速度。当看到它花心隆起，绽出绿芽，人们便估量它能开多少“枪”，花萼是“单托”还是“双托”。这时候，便应把它放在陶制的水仙盆里，压上些鹅卵石，又在盆中频频换注清水。再过几天，“枪”尖斜屈，微吐白蕊，养花人也随着它心花怒放。若是到了除夕，苞蕾绽开，“素蕊浑疑白玉珥，檀心又似紫金环”（徐渭诗）。面对着香肌玉骨，在春节浓烈的喜悦的气氛中，我们又感悟到另具的悠闲与宁谧。仿佛好的运气，连同水仙的幽香，将降临到自己的身上。

在春节期间，过去广州人也喜欢买吊钟，这也是一种“花占”，认为买来的吊钟是否茂盛，和来年运气有关。不过，人们买吊钟和买水仙的心态，

宋代诗人黄庭坚一生酷爱水仙花，他在《刘邦直送早梅水仙花四首（其一）》写道：“得水能仙天与奇，寒香寂寞动冰肌。仙风道骨今谁有，淡扫蛾眉簪一枝。”人们用水仙庆贺新年，作为“岁朝清供”的年花，有了水仙才叫过年。

并不尽同。买吊钟时，可以目测它是否茁壮；而买水仙头茎时，则不易预测。而且，买了以后，又有亲手培育呵护的过程。迎春的乐趣，祈福的意愿，也融合在精心侍弄水仙的整个过程中。有了这种参与水仙成长的享受，和只到花市里买来鲜花，插在花瓶上的心态，是大有区别的。

“花占”“花卜”，自然不足为训，但我们也可以视为人们的一种游戏，而且，期盼生活美好，工作顺心，也是人之常情，是广州人希望享受美好人生的体现，我们大可以不必以迷信视之。

近些年，我见到好些人在春节前几天，往往到市场里，选择将要开花的水仙，拿回家里装点。这当然简捷方便，甚至一定可以买到“枪”数众多的“猎物”。但是，这快餐式的做法，失去了亲手培育水仙的传统乐趣。

第一游波罗，第二娶老婆

近日游“波罗庙”者有16万人之多，还举行祭海仪典，诚为盛事。

科举时代，人们有“洞房花烛夜，金榜题名时”之说，但广州人则有：“第一游波罗，第二娶老婆”的俗谚，竟把“游波罗”置于洞房花烛之前。不错，波罗庙一带，树绿山青，澄波万里，“波罗浴日”曾属羊城八景之一。若说欣赏这里的景色，比“娶老婆”还重要，则令人大惑不解。仔细一想，却又有其道理。

波罗庙原为南海神庙，建于隋初。广州濒海，老广崇拜海神。珠江口风高浪急，人们祈求风调雨顺，航海安全，便在这里建立南海神庙，还举行祭海仪式。据韩愈在《南海神庙碑》中记载，从唐代元和年间开始，祭海仪式已非常隆重，“铙鼓嘲轰，高管嗷噪，武夫奋櫂，工师唱和”。意思是打鼓奏乐，划船歌唱，十分热闹。以后，祭海便成为南海神诞的传统。

南海神庙为什么又称为“波罗庙”，这和庙中旧有两株菠萝树有关。据清代屈大均记：“庙植菠萝树，种从海外来。”他又说，相传古代波斯有使臣，名叫达奚，他来中国朝贡，航船就停泊在南海神庙附近。达奚把带来的两颗菠萝种子，种在庙里。正在留连忘返之际，海风忽起，水手们忘记了他仍在岸上，举帆远去，把他遗下了。达奚在庙边望海悲泣，竟化为石。“土人以为神，泥傅肉身祀之。”这庙从此也被称为波罗庙。

在波罗诞时，广州又有卖“波罗鸡”的民俗。乡民以泥土挞捏成鸡形，粘上鸡毛，泥鸡栩栩如生，游人常买它以求吉利。我猜想，恐怕这和纪念达奚有关。按粤语，挞捏的“挞”，与“达”谐音，“鸡”与“奚”，形与音均近。很可能制作“波罗鸡”，是乡人从“泥傅肉身祀之”的转化、简化而来。

所谓达奚来华朝贡云云，其实他是来搞中外贸易的。后来民间又传说，有外国商船在这里沉没，一浮尸手里拿着两株菠萝树苗，乡民把死者安葬，把树苗栽种，这便有了菠萝树。无论是哪种说法，都和海上贸易有关。在过去，广州是海上丝绸之路的重要口岸，是中外贸易必经之路。把南海神庙和海外传入的菠萝以及外国商贾联系起来，恰好是广州人素来重视外商外贸和外来文化的明证。

外商从这里集散，波罗庙一带便成为繁荣游乐的市场。宋代刘克庄有诗云：“香火万家市，烟花二月时，居民空巷出，去赛海神祠。”（《即事》）可见当时“游波罗”的盛况。清代崔弼也说，诞日时，这里商船云集，“所有日用器物玩好，闺阁之饰，儿童之乐，万货聚萃，陈列炫售。”（《波罗外传》）请看，这里不就是古代的“广交会”吗？

老广爱“饮头啖汤”，波罗诞时，有那么多奇珍异宝，岂能不去开眼界，抢生意？“执输行头惨过败家”，这不是比“娶老婆”还重要吗？而且，娶老婆可以另择吉日，而波罗诞“游波罗”就只农历二月十一到十三这几天，岂能失之交臂？再者，这里有“闺阁之饰”，不少妇女也会去凑热闹，那时说不定还会交上“桃花运”呢！

南海神庙和波罗庙的演合，体现了自古以来广州成为海上丝绸之路重镇的进程；“第一游波罗”的俗谚，也在一定程度上体现出广州人的品性。

波罗诞即南海神诞，波罗诞庙会是珠三角地区最具影响力的民间庙会，蕴含了广州最有代表性的民俗民间文化元素，有着千年的文化传统。波罗鸡是波罗诞庙会中最受欢迎的小工艺品。

第三章
饮食男女

现在，广州茶楼饮早茶的一些形式，虽有所改变。

但人们享受生活，淡定地“叹”的本质，却始终如一。

叹早茶的情趣

广州人有饮茶的习惯。若说到茶楼饮茶，便意味着吃点心。过去，如果光喝茶，这叫“净饮”。净饮“双计”，是要多收一倍的茶费的。广州人又说叹早茶，也不等于吃早餐。吃早餐只为填充肚子，而人们着眼点则在于“叹”。叹者，长长地舒一口气之谓也，悠悠然享受生活之谓也。当然，也有人利用饮早茶的时机，商谈工作，这便不属“叹”的范围。

过去，我也常跟大人们饮早茶，首先享受到的是洗涤茶具时心境的愉悦。甫坐下，男性“企堂”即大堂服务员，便端来食具，包括茶盅、碗筷、茶杯，以及一个陶制的小水缸。我们点了茶，“企堂”便带来铜制的大水壶，高高提起，那滚烫的开水，形成长长的弧线，注入茶盅，滴水不漏。这时候，我们便拿起茶杯，斜靠在盛了开水的小水缸上，用两指捏着杯口，飞快地转动；又转过来把杯口泡在开水里，再转动一番。这洗涤的手法愈熟练，愈说明我们是茶楼的常客，便也愈有洋洋自得之感。于是茶还未饮，心先酣畅。此乃一“叹”也。

人们惯说饮早茶为“一盅两件”。两件，指

“一盅两件”，一份报纸，可以悠然自在地过一个上午。

早茶点心“四大天王“：虾饺、干蒸烧卖、叉烧包和凤爪，这四种点心代表了广式早茶美食的精髓。

吃两件点心。多乎哉？不多也！在20世纪50年代，点心由女服务员推着小车叫卖。她一边走，一边喊：“叉烧包！莲蓉包！”或者喊：“虾饺排骨烧卖！”在茶楼大堂嗡嗡然哄哄然的一片男低音的烘托下，那银铃般的叫卖声，婉转清脆，彼起此伏。茶客听来悦耳舒服，此亦饮早茶之一“叹”也。

广州点心样式精致繁多，如果一家大小，点了大批点心，看着孩子们狼吞虎咽，共享天伦之趣，那当然是一种“叹”法。不过，广州人饮早茶最典型的“叹”，确只是“一盅两件”而已。吃不在多，舒畅则行！有时两三亲朋，围着茶桌，说说往事，聊聊新闻。坐了个把时辰，大家说声“喺咁先（先这样吧）”！然后买菜的买菜，回家的回家，各适其适，这也是一种“叹”法。

有时独自一人，占着一桌，拣件点心，跟着打开当日报纸，架起二郎腿，随意批阅，此一“叹”也。若食客渐多，有人来“搭台”，虽互不相识，彼此点头致意。若对方也是独坐品茗，有意无意间搭上了腔，也会天南地北，东拉西扯；反正萍水相逢，互不负责，说了也是白说。当茶已喝足，顺手给老伴带个叉烧包，礼貌地和对方说声：“您慢慢食！”然后一扬手，在过去，“企堂”便会过来埋单，大声喊：“开嚟啦！揸住礼拜（五元七角）！”到收银处付过账，剔着牙，施施焉走出茶楼，那“企堂”悠扬响亮的声音，依然在耳畔回响，便觉心满意足。此早上的一“叹”，写意之至也！

现在，广州茶楼饮早茶的一些形式，虽有所改变。但人们享受生活，淡定地“叹”的本质，却始终如一。叹早茶者，多半是退休老人，往往是老伴共享二人世界，或是老同学、老同事聚会。“一盅两件”，花费不多。据茶楼经营者说，早上茶市获利很微。不过茶客盈门，既可以方便市民，也可带旺饭市。一举两得，“堤外损失堤内补”（样板戏《龙江颂》的曲文），这也是广州商人的聪明之处。

这是广州白天鹅宾馆的玉堂春暖餐厅早茶一景，餐厅满室精巧通透的满洲花窗，是用专门从荷兰进口的仅 2 毫米厚薄的彩玻璃，以传统工艺蚀出岭南花鸟图案。

及第粥的包容与交融

听说高考期间，考生们吃的早餐，多是及第粥。真有趣！

广州人吃的粥，有咸的、甜的。在各种各样的粥品中，我最喜欢吃的，也就是及第粥。早上，当服务员把及第粥端到你的面前。那碗粥，热气腾腾，香气四溢，你便食指大动。若再买一根油条，或者一碟肠粉，细慢咽嚼，那更妙不可言。

记得在20世纪80年代初，北京一位老朋友来访，他让我带他去吃最具广州特色的东西。我一想，便领他到文昌路伍湛记去吃及第粥。我吃得津津有味，谁知那老兄只吃了两口，便皱着眉头说吃不下去了，说宁愿吃点白粥拌咸菜。我愕然，觉得不可思议。再一想，生活在不同地区的人，有不同的习惯和口味。他吃不惯这油腻腻的稀饭，也是很自然的事。

何谓“及第粥”？有人说，明代南海人伦文叙，幼时家贫，曾当雇工。主人见他勤奋，曾以猪内脏煮粥以饷之，让他增加点营养。后来伦文叙参加科举考试，高中状元及第，也以此回馈主人，遂有“及第粥”之谓。此外，还有人说清代状元林召棠，爱

一碗小小的及第粥，有着美好寓意，体现出广州人包容和创新的品性。

吃这种把各种猪下水煮成的一锅粥。总之，据说这样的粥曾有状元吃过,人们便称之为“及第粥”云云。

不过，最合理的解释，似是广州人根据这种粥的烹饪材料，以及形容其味之鲜美，便给予至高无上的名称。

首先,这粥有猪肉丸子。丸,粤音与状元的“元”同；肉材还有牛膀。膀，粤音与榜眼之“榜”同（不过牛膀无味，后改用猪肝了）；再用些猪肠或猪腰子,切成花状,便算和“探花”有联系。你看,状元、榜眼、探花三及第，全有了，这不等于说它是粥中极品吗？而且，这名称，也符合广州人“讲意头”的风气，怪不得现在的广州考生临阵前也要吃它。

别小觑这锅杂烩的粥。据识者云，正宗的及第粥，店家们所用的“粥底”，乃是加上水蛇、猪骨，以文火熬制而成的。粥熬好了，顾客来时，厨师便将它浇到小锅里，以武火急攻。等到煮沸了，放上肉丸、猪肝、腰花，这称为“生滚”。然后加上些姜丝香葱，那碗美滋滋香喷喷热辣辣的极品，才算是大功告成。

我对及第粥情有独钟，不仅是它确实鲜美，

还觉得它典型地体现出广州人们的品性。

包容，是广州人精神之一。及第粥的制作，其精妙处，正在于包容。它的材料，包容了植物和动物。植物有无味的米，有微辣的姜，微香的葱；动物有水上游的，地上跑的；肉质有稍稍松软的，有较具嚼头的，它们各具有不同的蛋白质和养分。至于烹饪，则包容了文火、武火等方式。有些外地朋友，以单纯为美，讲究地道、正宗，而广州人却乐于把不同特质的东西汇于一炉。这兼容并蓄的品性，也直接作用于广州人的舌头，于是我们的味蕾，也有包容的嗜好。

广州人能包容，这是由广州所处的地理位置和历史条件决定了的。不过，在包容的基础上，让不同的特质交融，这更是广州最可宝贵的特质。以“及第粥”为例，它不仅包容了固体、液体，动物、植物，更是让不同的蛋白质、淀粉质，经过加热，产生化合作用，各种分子交相融合，这就有了创新，有了滋味鲜美的粥品。

纵观具有广州特色的建筑物，诸如骑楼、满洲窗，等等，乃至岭南画派的作品，都是在包容的基础上，让中西文化聚合交融的产物。及第粥的制作以及人们对它的审美趣味，当然与西方文化无关，我以此为例，只想说明，即使就味觉而言，在岭南人身上，也沉淀着从包容到交融的文化基因。善于吸纳交融而至于创新，乃是广州人特具的品性。

及第粥深受早茶食客欢迎。

风寒深巷卖云吞

“深巷明朝卖杏花”，宋代陆游的这句诗，脍炙人口，让人从姑娘们的卖花声中，感受到雨后江南明媚的气息。在广州，从前西关一带，冬夜里则有叫卖“云吞”的声音。风寒深巷卖云吞，也让广州平添一段冬韵。

如今，“云吞面”已被评为“食在广州”的传统点心。而“云吞”，即“馄饨”，它古已有之，《东京梦华录》等古籍，就有馄饨的记载。其制作方法，也很简单，无非是以面片包着肉馅，以水烹煮。有些地方，制作稍精致一些，例如在四川，它被称为“龙抄手”，所用的汤，以猪骨熬制。至于广州的云吞，则讲究多了。其皮薄，以新鲜虾仁和剁碎的猪肉为馅，再用鸡蛋浆调匀。其汤厚，以猪骨、大地鱼、虾子等熬成，上面漂上些韭黄。云吞配上精心擀制的面条，便成云吞面。一碗端来，浓香四溢，味道之鲜之美，实在难以名状。

不过，给我印象最深的，却是从前晚上在巷子里听到叫卖云吞的声音。在炎热的夏夜，广州穿街过巷的小贩，多是叫卖红豆沙、绿豆沙、芝麻糊；当天气渐凉，卖云吞面者才登场。他们横挑着担，担的一头，是熬着汤的锅，锅下有生着火的炉子；另一头，则放着剁好的肉馅，擀好的面条以及调料碗筷。当小贩到了合适的地方，放下担子，掏出两块竹板，不紧不慢地敲击。两板相碰，敲出均匀的节奏，发出特有的声响：“独独得，独独得，独得独得独独得。”这一串清脆的声音，噼噼焉，督督焉，既像木鱼的剥啄，又像银铃在叩击，它意韵悠扬，声声入耳。每当夜阑人静，小巷深处，这阵阵竹板声，冲破夜寒，人们便知道，卖云吞的人来了。想吃夜宵者高喊一声：“买云吞面呀！”小贩便挑起担子，颤颤巍巍应声而至。有些过客，兴之所至，也会围着炉子，即煮即食，大快朵颐。

解放前，卖云吞面的小贩，度日艰难，胼手胝足以御饥寒，披星戴月以求温饱。那竹板声声，有时如泣如诉，夹杂着一缕悲凉。而人们围炉帮衬，除了满足口腹之欲以外，也不乏寄寓着同情和相互取暖的情怀。付钞时，小贩会说声“盛（承）惠”，顾客则回祝“好生意”！因此，在冬夜的竹板声里，在熊熊的炉火旁边，我也觉察到街坊邻里之间，流注着一丝暖意；云吞的香气，也仿佛是飘拂着的人情味。

随着城市的发展，大街小巷，没有挑担叫卖的小贩了，卖云吞的竹板声，也已不复存在。在现代化的大都市里，注意饮食卫生和交通秩序，不准乱摆乱卖，完全是必要的。至于我想起了卖云吞的竹板声，倒不是“发思古之幽情”，而是从生活的变化中，看到了广州面貌进展的痕迹。“独得独得”的竹板声，不必留住，但广州人享受生活的淡定品性，则应留住；对弱者的同情心和街坊邻里间的人情味，更应留住。我又想，现在城管部门，除了多设买卖场地，让小摊小贩合法经营以外，坚持执法，是必须的；而文明执法，更是必须的。既注意法治，又注重和谐，我们的广州，才会更加美好，更具诗意。

深夜挑担叫卖的小贩，卖云吞的竹板声，已经不复存在了。一碗暖暖的云吞面，依然能抚慰老广们记忆最深处的乡愁。广州人对云吞面的热爱从不褪减。

“打边炉”的意趣

在冷天，室外朔风凄紧，关河冷落，这时候，躲在屋子里，对着“绿蚁新醅酒，红泥小火炉”，自然有一番雅趣。但是，许多市民更喜欢的，是一家大小，或和亲朋戚友，团团围坐，一起“打边炉”。

广州人说的“打边炉”，亦即“吃火锅”。边炉，是指“甂”和“炉”。甂，在古汉语中，它是指一种阔口而扁矮的陶器，与炉同为厨具。“甂”与“边”同音，广州人便讹称“甂炉”为“边炉”。这也是粤语中保留了许多古代汉语词汇之一例。至于在俗语中，凡是与手有关的动作，均可说“打”，像“打鱼”“打水”“打伞”“打饭”等。打边炉的“打”，则包含着手拿和搅拌的意味。

吃火锅和打边炉，实是同一事物。不过，由于各地人群口味的不同，便有不同的特式，例如有川式、台式、粤式之类。有一回，几位四川朋友邀我去吃火锅，我不知好歹，欣然赴约。只见锅水翻腾，水面上浮动着厚厚的红油，一股麻辣香扑面而来，连鼻孔也被刺激得微微作痒。我有点怕了，正迟疑间，一位老兄见我没动筷，涮了一块肉塞了给我。我一咬，又麻又烫，喉咙像吞了一团烈火，辣得我一佛出世，二佛升天，再不敢吃下去了。广州人吃火锅，偶然也会蘸点辣酱，但点到即止，讲究的是原汁原味。粤谚云，“麻油拌韭菜，各人爱所爱”，味不同嗜，这很自然，并无高下之分。

我想，老广把“吃火锅”说成为“打边炉”。强调“打”，表明岭南的先辈，更在意享受这种进食方式的全过程，而不仅仅在于“吃”。在寒威凛冽之际，人们捧出炭炉子，“打”便开始了。不一会，火星噼啪跳动，一屋生春。又不久，炉膛冒烟，木炭爆出火苗，大家便纷纷围着炉子，搓手取暖。等到瓯上的汤，哗啦哗啦地沸腾，人们添上些香油，放上新鲜的鱼片、肉丸、海鲜，用稍长的竹筷，涮着拌着，这又是另一种“打”。一会儿肉质变色，便可捞起，其鲜嫩恰到好处，男女老少，大快朵颐。三大四粗的汉子，少不免要端起双蒸酒，灌口黄汤，喝得酣畅时，还会猜拳行令。当肉吃得差不多，瓯里的水，已变成肉汤，人们七手八脚，把各式新鲜蔬菜，放进瓯里，又搅拌一番。青翠的蔬菜刚熟，清甜脆嫩，让人吃得嘴角流涎。最后，人们放上粉面，它经过肉汤泡煮，当然格外可口。打边炉接近尾声，屋子里烟雾弥漫，热气腾腾，酒醉饭饱的人，也已浑身发烫。这时候，三九寒威，早被人们越吃越兴奋的心情逼退。

广州人常说：“打边炉不同打屎忽”，打屎忽即打屁股，是受批评责骂的意思，心情自然不可能愉快。把打边炉与之对比，恰好说明，打边炉的本身，是很让人高兴的事。老广州人在吃火锅时，着眼于一起动手的过程，享受亲朋戚友同愉共乐兴奋恬憩的气氛，这正是把吃火锅说成是打边炉所蕴含的意趣。在这里，我们也可以看到，强调和谐，是广州人从古以来的传统。

现在，广州人打边炉，早就有较先进的工具，不必再捧出甂炉了。但重和谐的传统，享受齐动手同欢乐的意趣，会一直继承下去。

打边炉，一家人齐齐整整围炉而食，就是喜欢这样的热气腾腾的人间烟火。

西关骑楼人家。

“剥皮牛”的滋味

偶和亲友到芳村食肆一聚，点菜前，我们先到鱼档巡礼，只见有石斑，有鳜鱼，林林总总，生蹦活跳。我瞥见在一个水箱里，养着些灰白扁平的鱼，长约一尺许，重约两三斤，在水里来回游动。我从未见过这么大的鱼，仔细观察，又似曾相识。一问店主，原来它叫“剥皮牛”。一听是“剥皮牛”，我赶紧点来清蒸。等到上了桌，只见它肉色雪白，肉质细嫩，上面点缀着翠绿的葱花，让人食指大动。我夹了一块，仔细品尝，齿颊留香。原来这“剥皮牛”，竟是如此鲜美！

提起“剥皮牛”，五六十岁的老广州人，是没有不知道的。在20世纪五六十年代，人们头脑发热，要搞“大跃进”。开始时，上头号召“放开肚皮吃饭”，不久便物质匮乏，供应短缺。无奈之下，又规定买粮买油，买鱼买肉，只能按人头凭票供应。那时，每人每月，若买鱼，只得一斤半，人们不禁“口中淡出个鸟来”。不过，在我们单位，间或可以免票供应两斤“剥皮牛”。一旦买到了它，人们便像过节那样高兴。

何谓“剥皮牛”？因为它鱼皮颇厚。那时我

们能吃到的，都是些长约三寸的“冰鲜”鱼，剥皮、除头、去尾，剩下只有一点点肉。据闻，它来自南美，渔民捞了它晒干磨粉，用作饲料。又据闻，那时我们勒紧腰带支援拉美人民反帝反修，他们则投桃报李，也向我们回馈了这种小鱼。谁知饕餮的老广们，竟把它作为“席上之珍”！老实说，当时我们是饥不择食，有了这一丁点蛋白质补充营养，便谢天谢地了，哪里管得着它原是用作“饲猪”还是“饲人”？

当我们得到了“剥皮牛”，一般都会在锅里沥上点油，以慢火煎之，再放点糖醋烹之，便觉得鱼香四溢。端之上桌，一家大小，分而享之。特别是为人父母，当看到孩子们狼吞虎咽时，心里便美滋滋乐不可支。话又说回来，尽管当年觉得这小鱼“骨都有味”，但和今天我在芳村吃到的“剥皮牛”相比，真有天壤之别。

吃着生猛的“剥皮牛”，我想起了“文革”期间的一桩往事。有一天，一位著名学者也分到了它，开始时兴头得很。可是，他的太太已被红卫兵视为地主婆押送回乡，剩下这老师一人独处。而他平素只懂科研，不懂烧菜，只好小心翼翼地学着侍弄。谁知生了火，放上锅，手忙脚乱，愈乱愈急，愈急愈乱，不知怎的，这些小鱼，都被他煎成焦炭。这老师一贯倔强，红卫兵曾把他七斗八斗，他就是“死不悔改”。但是，这回面对着一锅剥了皮的“炭”，不禁老泪纵横，伤心欲绝，还想到一死了之。要不是邻居及早发现，那位学者便干出了傻事！小小的剥皮牛，竟让人丧失了生存的勇气，但请勿以为这是人性软弱的表现，没有经历沧桑者，对此或不易理解。

改革开放后，物质丰富，市场上再没有两三寸的剥皮牛了。今天，我面对着一盘肥美的“剥皮牛”，想起了往事，心中不禁泛出了一丝苦涩，更想到学习“科学发展观”的重要性。“欲速则不达”，如果不按照客观规律办事，天知道全民头脑发热的事会不会重演？

我停下了筷子，年轻朋友催我趁热快吃，但他绝想不到，“剥皮牛”在我的口中，竟另有一番滋味！

广式满洲窗。

来自深海的“剥皮牛”，有点丑但是好美味，烹制的做法有很多。广州人还用大条的新鲜“剥皮牛”来做刺身（生吃）。

老火靓汤 家的感觉

广州人爱喝汤，而且最爱喝“老火靓汤”。所谓老火，指的是经过几个小时燃烧的慢火；所谓靓汤，指的是以肉类和各种瓜菜或药材放在一起，烹熬出的美味的汤水。

老火靓汤，品种多样，通常有西洋腊鸭肾煲猪骨、霸王花蜜枣煲猪肉、五指毛桃煲猪横脷、木瓜煲鲫鱼、冬菇杞子煲鸡、冬瓜薏米煲老鸭、花生红枣煲牛尾，等等。五花八门，不一而足。

广州人对喝汤很有讲究。有些从北方来的朋友，习惯在饭后喝汤，当他们看到广州人无论是上馆子还是在家里，喝汤必在饭前，便觉得很奇怪。其实，老广的安排有其科学依据。这里天气炎热，容易喉干舌燥，饭前先以汤润润喉，刺激胃酸，勾起食欲，人们自然胃口大开。而煲什么样的汤，则根据饮者需要和气候变化而定。不同的汤，有不同的功能，有清热的，有清补的，有滋补的，有祛湿的。人们要求它有营养，有药效，不徒取美味而已。煲汤时，要用密封性良好的瓦锅，以求充分吸收热量。至于以老火烹之，是要让汤中材料的养分、性能，得到充分的发挥。不过，若加热时间过长，养分反会消失；而且常饮老火靓汤，尿酸又会增高。对此，人们常不注意。甚者明知故犯，这一点反映了老广们品性具有保守的一面。

老广重视汤，以至把汤视为营养的代号。若是说“近来汤水少了”，意思是说近来没注意补充营养了；若远行归来，家人多以老火靓汤慰劳；人若患病，家人到医院探望，保温瓶载的就是为病人增添营养的汤水。更有趣的是，广州人把捷足先登，最先获利，形容为“饮头啖汤”，汤成为利益的同义词。之前有关部门评选“广州十大名片”，公开让市民投票，老火靓汤竟以高票入选，可见它在广州人心目中的地位。

“三日入厨下，洗手作羹汤。”（唐·王建诗）从前，妇女主庖厨，煲汤自不可少。在广州，煲老火靓汤，更是家庭妇女必具的手艺。老实说，这手艺未必有什么高明之处，主要靠的是耐心。过去煲汤以柴炭文火烹熬，既不能让炉火过旺，也不能让它熄灭。这时候，妇女必须不厌其烦，常要到炉前候着观察，这叫“睇火”。火过旺则釜底抽薪，火过弱则吹火筒、扇葵扇。她们往往一边睇火，一边惦念外出的丈夫儿女。这份耐心，倾注着亲情，让归来者啜上一口美味的汤，便找到了“家”的感觉。

我上中学时住校寄宿。周末，妈妈总会以生鱼煲西洋菜汤等我。她把生鱼往地上猛然摔昏，刮去它身上的鳞，把它放在铁锅上煎至微黄，添上水，撒点盐，一经煮沸，汤便呈乳白色。然后把它倒进瓦锅，和西洋菜一起，以老火烹熬。我回到家里，她便捧出汤来。我一小口一小口地啜饮，偶抬头，看到她正微笑注视着我，眼角的皱纹分外清晰。我不禁眼眶一热，这碗汤，滋润我的心田，岂止美味而已。

广州人爱家、顾家，老火靓汤，总和家联系在一起。如今人们在酒楼，也会喝上浓郁的炖汤，但和在家喝碗老火靓汤的感觉，并不一样。家里的老火靓汤所用的汤，未必珍贵，但也鲜美甘香，营养丰富，更重要的，人们感受到汤中蕴含着浓浓的儿女之情、亲子之爱。那份真情，是无论在馆子里吃什么鲍参翅肚，都不能代替的。

妈妈煲的老火汤最暖人心脾。

牛杂飘香市井风

老同学久居异国，近日回穗探亲。亲友十分高兴，大家在宾馆置酒相聚。觥筹交错之余，我问他：最想吃什么东西？他回答：牛杂！一听他的话，大家都乐了。我心里明白，老友想吃的，不仅是它的美味，更是享受在市井里吃牛杂的那份乐趣。

多年前，我和这同学常在路边摊档吃牛杂。摊档就在我家附近，由一对中年夫妇胼手胝足地经营。早上，我们上学经过，看见他俩在浅窄的铺子里，洗切五花八门的牛内脏。傍晚放学，便看见他们摆开大铁锅，锅下有炭火，锅里的牛杂和萝卜，已炆成褐色，肉汁在沸腾，我们还未走近，阵阵浓郁的肉香，掺和着花椒八角的芬芳，已钻入毛孔，让我们口水直流。这时候，若袋子里有钱，想不买一串牛杂解馋，也真难！

西方人，是不吃牛羊的内脏的。而我们对此则情有独钟。古代小说里常提到吃“杂碎”，指的就是动物内脏。不过，中原地区，人们多吃的是羊内脏。元剧《窦娥冤》不就写到“羊肚儿汤”吗？不过，广州人不惯吃羊，而且吃牛杂的韵味，不同于吃“羊杂碎”。

牛杂很便宜，市民大众都买得起。你付了钞，只见档主左手拿着夹子，夹起牛肠或牛肺；右手拿着剪刀，剪下牛杂。这时，我最喜欢围着铁锅，看那档主剪切牛杂的神态了。在下剪前，他总是空剪几下，让剪刀发出“咔嚓咔嚓”的声音，节奏时快时慢，声响时高时低，像是思忖从何下手。看准了，便“嚓”的一声剪下。当顾客看中了另一块，指指点点，档主又“咔嚓咔嚓”地响着剪刀，半是欣赏，半是选择，双方互动，却不存在争执剪多剪少的问题。这时，牛杂还未吃，和谐的气氛已让人舒畅。

我们都会买一串用竹签贯着的牛杂，其中有牛肺、牛筋、牛肠、萝卜各种东西，大家蘸了点辣酱，找个地方，或站或蹲，张嘴便吃。那牛肺的润滑，牛筋的柔韧，牛肠的香软，萝卜渗透着肉汁的鲜美清甜，各种滋味轮番呈现，让人直吃得嘴角流涎。环视围炉大嚼的顾客，有男有女，有三尺儿童，有歇担小贩，也不乏衣冠楚楚的人士。这时谁也不管谁，唯恐浓汁沾襟，一般都仰嘴吮食。大家只沉醉在牛杂浓郁的滋味中，顾不上食相是否斯文的问题。至于档主夫妇，则忙着低头干活，偶尔歇歇手，

在广州，如果你要问哪里的牛杂最好吃，老广的答案往往离不开：家楼下、巷子里、学校门口等关键词。

看到生意兴隆，也恬然会心一笑，那剪刀的“咔嚓”声也会更响。一些食客，禁不住走过来，称赞牛杂“好味”，“又平（便宜）又靓”，夫妇俩便连声说：“好话好话，承惠承惠！”这浓浓的人情味，连同牛杂的美味，渗入心脾。

“食在广州”，以我看，这不仅是指广州烹饪技术的精巧，食品的多式多样，而且还有饮食的氛围的问题。广州人务实，只要好吃，便不拘材料贵贱，也不拘吃的形式。管你是腰缠万贯的豪客，还是升斗小民，只要你想吃地道的牛杂，在小摊档前，人人平起平坐，一律平等。这在广州平民百姓中形成的市井风景线，的确耐人寻味。

我正在默默地遐想，老同学见我在发呆，便催我“起筷”。我举杯一饮而尽，并宣布：“明天带你到小摊档吃牛杂，我请客！”

粥粉和学生早餐

在北京，普通人家的上班族和中小学生，早餐多是馒头、油条和豆浆，天天如此。早上，街头停着三轮车，上面摆着这三件宝，小贩略一吆喝，人们便围拢上来，纷纷购买，匆匆上路。这成为京华街区的一道风景线。

广州普通人的早点，则多式多样。除了闲暇时可上茶楼叹其一盅两件外，过去，赶着上班或上学的人，还可抽空到早已开门迎客的小食店，光顾一顿粤式快餐。喝一碗粥，吃一碟粉，需时甚短，所费不多。

粤式早上快餐的粉，多是“肠粉”。肠粉又分两种，其一曰“猪肠粉”，人们把卷成猪肠状的米粉蒸熟，添些油酱，即可待客。

另一曰“布拉肠”，制作则稍复杂一些。店家把米浆浇在布上，撒点牛肉或猪肉，放在蒸笼上急蒸即成。不放肉馅的，则叫斋肠。小时候，我到西华路的南海中学上学，学校附近有一名为“德记”的小食店。早上，我和小伙伴们常去光顾，如果口袋里多一两毛钱，我们往往会买一碟“牛肠卷炸面”。这是店主颇有创意的佳作，他在米浆上放

繁忙的早餐店面。

点牛肉，蒸熟后放上油条。跟着用没有柄的刀把粉块撩起，又像叠被子那样把粉卷好，再用刀压截成小块，浇上酱油，便可端上。当我们听到砧板发出啪啪啪啪的声响，便咽着口水等待。这一碟肠粉，粉皮软滑，牛肉鲜嫩，伴着油条的香脆。我们又要了一碗明火白粥，便吃得津津有味，热气腾腾，这才精神奕奕地回到学校。有此佳品，“德记”自然也食客盈门。

光阴似箭，一下子过了二十多年。到了20世纪的70年代末，有一回，老同学聚会，有人说起西华路的一间小食店，生意十分红火。我以为就是指那间供应“牛肠卷炸面”的德记，谁知一打听，却是在它斜对面的一间名为“容光”的饮食店。

容光的店主容志仁是回城知青。他了解到当时街坊有买早餐难的问题。为了谋生，便在司马坊巷口，开设了早上供应牛腩汁粉和猪骨粥的小摊档。粥和粉，每碗各一毛钱。由于价格便宜，早上中小学生和上班族纷纷光顾，生意渐有起色。据容先生介绍：有一天，一位小女孩对他说，她只有一毛钱，既想吃粥，又想吃粉，能否各给半碗？容先生见这小女孩十分可爱，便满足了她的要求。而从小女孩的期盼中，他得到启发，了解到小学生的心理和消费水平，便买来小碗小碟，挂上“学生餐一毛钱，有粥有粉”的牌子。这最便宜的价格，引起轰动，附近群众，趋之若鹜，容光饮食店便风生水起。容先生的事迹，被报刊广泛宣传。到如今，也成为广州在改革开放初期的一段佳话。

“君子爱财，取之有道”。德记的兴旺，在于肠粉制作有创意；而容志仁获得更大的成功，主要在于贯彻了他名字中的“仁”。孔子曰：“仁者爱人。”容先生爱好文艺，良好的素质决定他能爱学生、爱顾客。他固然要赚钱，但他同时能为学生和顾客的利益着想。正是这一点仁心，让他获利虽微，却受到人民赞扬，得到很大的回报，开创了“双赢”的局面。

现在，广州上班族和中小学生，早餐多是一小盒牛奶，一两块面包糕点，但我对粉和粥，依然最感兴趣。在领略粤式快餐的风味之余，也会常想起广州人推崇仁德诚信的营商之道。

艇仔粥和水上人家

有朋友自远方来，希望能吃些有广州特色的小吃，我便带他到粥店吃了碗艇仔粥。

甫坐定，店员便把艇仔粥捧了过来。那碗粥，在嫩乳般的米水上，漂着几点翠绿的葱花，热腾腾，香喷喷。这老兄略一品尝，顿觉鲜美异常。细看粥中材料，却很普通，不过是些鲜鱼片，鱿鱼丝；又有几块浮皮、海蜇皮和炸花生。他愣了，为什么把这似是不伦不类的东西，混在一起，便别有风味？我又告诉他，艇仔粥的粥底，应是用猪骨熬汤加米煮成的。客人来时，厨师把鲜鱼片放在碗底，浇上滚烫烫的粥，才特别好吃。我的朋友学哲学出身，便恍然大悟。他认为，让两种蛋白质有差异的肉，结合在一起，就构成了“鲜”字；而浮皮是软绵绵的；海蜇皮、炸花生，则是脆生生的。他大赞广州人聪明，让爽脆与软滑，矛盾统一地在粥里得到体现，真懂得辩证法的奥妙。他又认为，这正是艇仔粥之所以好吃的原因。

我笑而不语。其实，这朋友只尝到了艇仔粥的滋味，却未真正领略过吃艇仔粥的韵味。而现在，实也无法带领他去体验了。

过去，艇仔粥确是在小艇上烹煮的，这也是它得名的来由。小时候，我到荔枝湾划船，或者在江畔纳凉，黄昏时分，常常见有卖粥的乌篷船，摇过来招揽生意。摇艇者多是年轻的姑娘，她站在船尾，一俯一仰，挠动双桨；在船头蹲下烹调粥品的，多是上了年纪的船家。姑娘一面划桨，一面高声叫卖："艇仔粥！鱼生粥！"当有顾客招手，船便摇了过来。顾客或各坐在自己的小船上，或坐在江边的树荫下，端着船家捧来的粥，细细品尝。付过钞，船家说声"承惠"，小艇便悠然划走。这时，人们颊有余香，舌有余甘；河面上，仿佛还留下了姑娘矫健婀娜划桨的倒影；凉风中，又传来渐渐远去银铃般的叫卖声。真让人心旷神怡，领略到"好是日斜风定后，半江红树卖鲈鱼"（王士祯诗）般的野趣。劳动人民用他们的辛勤，换来了广州人美的享受，领悟到优游淡定的情韵。

据说，艇仔粥由名叫金水的姑娘首创。她是水上人家，心地善良，曾把捕来的大鲤鱼放回江上。后来父亲患病，无钱医治，金水忧愁不已，便到江边求神保佑。这时水中冒出了一位仙女，告诉她只需以鱼虾煮粥，撒上些甘脆佐料，即可赚钱。金水依法炮制，食客赞赏不已，纷纷光顾。有了钱治病，其父也霍然而愈。原来，这仙女正是曾被她放生的鲤鱼。从此，艇仔粥的制作便流传开了。这传说，虽是不经之谈，但老广往往把喜爱的美食，和传统美德联系起来，像说及第粥源于士人的感恩，像说艇仔粥源于平民的行孝。此中深意，正好体现广州人善良的品性。

解放后，水上居民被安排上岸定居，浮家泛宅的生活得到改善，在河面卖艇仔粥的生意，渐渐没人经营了。人们要解馋，只能找马路的粥店。

时代在发展，以往的生活情调有所改变或消亡，也是正常的。河边吃艇仔粥的韵趣，可以回味，但不可能也不必强求恢复。不过，如果在珠江夜游的轮船上，让游客一面观赏珠江的夜景，一面品味艇仔粥，未尝不可以让人增添夜游的雅兴！那情景，将是：波映霓虹千缕彩，香留齿颊一江风。

踏花归去“马蹄”香

传闻宋徽宗以“踏花归去马蹄香”的诗句为题，让画家们揣摩诗意，作画比赛。我借用这句诗，却是指在广州园林式的茶楼，看花品茗，闻到了阵阵“马蹄糕”的香味。

逢年过节，或是上茶楼叹茶，广州人多会吃到马蹄糕。人们所说的“马蹄”，就是荸荠，它被誉为“泮塘五秀”之一。五秀，原是“五瘦”，是指五种烹饪时颇耗油的植物，人们改“瘦”为“秀”，便让那些出于污泥的植物，充满诗意。老广们富有想象力，最近某酒肆推出一款菜式，名为“火辣辣的吻”。我大奇，点来一看，原来是红辣椒炒猪嘴肉。这很搞笑，却颇新鲜。它与人们改“五瘦”为“五秀”，同样是小市民机灵与情趣的反映。

为什么粤人称荸荠为“马蹄”？据方言学家认为：“马”，在壮侗语中，意为果。“蹄”，则与“地”音近，“马蹄”意是地之果。又因壮侗语系惯用逆序词，像把公鸡、母鸡，说成为鸡公、鸡乸那样，把“地果”说成为“果地”，便是偏正结构的逆序。粤语受壮侗语的影响，称“果地”为“马地”，又转读为“马蹄”，这就是被视为地下果子的荸荠，让广州人称之为“马蹄”的来由，它和马匹的蹄子，毫不相干。

老实说，荸荠的滋味，虽别具一格，若作水果吃，未必属佳品，与龙眼、荔枝不可同日而语。不过，若把荸荠作为材料，造出“马蹄糕”，那便是广州茶楼一道必备的名点。

小时候，我在泮塘附近的龙津西路，常看到制作马蹄粉的专卖店，人们把削皮剁碎的荸荠，放到路边曝晒。在阳光下，它发出一股怪味，并不让人好受。等到荸荠全干了，人们把它研成白色的粉末，便成了“马蹄粉”。若加上糖水，调为糊状，蒸之烹之，它凝固成半透明的糕，这便是马蹄糕。

每次上茶楼，我必吃“香煎马蹄糕”。人们把蒸好了的糕，切成薄薄的小方块，放在平底锅上，加点香油，以慢火煎之，糕面微焦，呈茶黄色。端上桌时，它像块晶莹的琥珀；轻轻夹起，它如软玉温香，巍巍颤颤，一缕甜香，沁人心脾，令人食指大动。有一次，我请一位外国朋友品尝，此君不太会使用筷子，而马蹄糕滑如凝脂，软如嫩乳，他好不容易才夹进嘴里，咬了一口，便竖起拇指，赞叹不已。这甜而不腻，滑而爽嫩，柔中带韧，软中有脆的点心，让他大快朵颐，一口气吃了好几片。我告诉他，马蹄糕虽说是糕，但淀粉质很少，多吃也不见饱；它又不同于奶油蛋糕，糖分不多，脂肪更少，减肥的女士也可以放开肚皮吃。当他知道如此美味的马蹄糕，竟是以便宜的材料和简易的方法制成的健康食物，觉得简直不可思议。

现在，有些茶楼在马蹄糕里，加上几颗马蹄粒或红豆粒，让它在香软中添点嚼头；或者浇上点椰汁，让它的香味更加浓郁。而万变不离其宗，传统的马蹄粉，依然是糕中主角。广州人乐于在传统的基础上创新，但最终不离传统。

在平凡中有巧思，在清淡中寓变化，这矛盾统一的审美趣味，凝聚在一小块的马蹄糕里，它在一定程度上体现出岭南文化的特色。

马蹄糕是广州名点之一。它以晶明通透，有如玻璃，入口香滑，微带马蹄清香之味而闻名。

西关传统马蹄糕店。

凉茶的学问

有朋自远方来，一见面，他便嚷热不可忍，渴不可耐。我见他的嘴巴像干涸得裂了缝的黄土地，赶紧递上矿泉水，他咕噜咕噜喝了大半瓶，还觉喉干舌燥。我也怕他不服水土，便带他喝凉茶去。一杯下肚，他便如久旱逢甘雨，再不嚷渴了。

在广州，凉茶是最普通不过的饮料，马路边，到处都有凉茶店，通常是档口摆着锃亮的茶壶，旁边放着几杯样品茶，颜色有深褐，有浅黄，各自标明王老吉、廿四味、菊花雪梨茶之类。至于所谓“凉”，指的是药性具有清凉祛热的性质，而不是说它的温度。所以，当你在档口一站，售货员便问你要热的还是要冷的。而我，若喝凉茶，通常会喝热的。慢慢一口一口地喝下去，发点汗，湿热感冒等小毛病，一下子烟消云散。近年来，出现了罐装凉茶，这颇方便群众，也能解渴，至于是否具有像喝滚烫烫的凉茶那样的药效，我还没有仔细比较。

小时候，但凡身体有点不舒服，便被拉去巷口喝凉茶。那里放着葫芦状的大铜壶，我一见就怕了，非得要给我一颗糖果，才勉强把又苦又热的凉茶喝掉。后来长大了，喝惯了，才悟出喝凉茶的妙

广州人饮用凉茶历史悠久、代代流传、相习成俗。

吉叔凉茶

处。不错，初喝下去，茶是苦的，苦得让你的舌头还有点麻涩。喝上了几口，便觉腭上生出一丝甜意，唾液中和了茶味，似不那么苦了。再喝下去，舌上又有了甘味。等到全喝完，把杯一放，便觉满口生津，竟有唐代卢仝所谓“唯觉两腋习习清风生”的韵致。

凉茶品种众多，商业上便有竞争。解放前，经营凉茶者属小本生意，多半只在街头巷尾贴些“街招”。倒是“神农茶”的招徕术，给我印象最深。每天下午，他们雇用一个老头子，领着几个后生，在肩膀上围些树叶，扮作“神农氏”模样，排起队伍，敲着锣鼓，齐声高唱：“神农茶，神农茶，发烧发热有揸拿（有把握），不妨买包神农茶。”我们一班小孩，觉得有趣，也跟在后面起哄，无意中也成了义务的宣传员。这招式颇有效果，“神农氏”们的巡游，也成了西关的一道街景。

广州人喝凉茶，和气候、地理环境有密切的关系。这里空气潮湿，细菌容易滋生，人体容易感染，饮用祛热去湿清热解毒的凉茶，或防犯感冒于未发之前，或抵御病毒于入侵之后，都是很有必要的。同时，饮凉茶也和广州人的饮食嗜好有关。老广喜吃叉烧、烧鸭等“烧腊”，这些经过烧烤的食物，吃多了会燥热。广州又多荔枝，此物糖分高，吃多了也易上火，所谓“一颗荔枝三把火”。常饮药性较寒凉的凉茶，让它与燥热的食物，在人的肌体内中和、平衡，疾病便可防治了。

传说凉茶是由晋代葛洪创造的。当时中原人大量南迁，不适应山岚瘴气，葛洪便以中草药煎水治病。此后，历代民间又根据地区特点，用当地的草药煎煮调制，这就有了各色各样的凉茶。其功效，各有差异，但以寒凉祛湿热的本质，调和客观环境与主观肌体的矛盾，达到统一、和谐的境界，则是一致的。

别小看一杯凉茶，这里面，蕴含着广州人的智慧。

吃番薯漫忆

这些年，生活水平提升，人们提倡吃绿色食物。若亲朋戚友上馆子，服务员捧出主食，多有番薯。番薯品种可多了，有紫心的，有黄心的，有红心的。香喷喷，热腾腾，剥之食之，大快朵颐。不过，我看到它，往往不期然想起令人哭笑不得的往事，对番薯一般不予问津。

广州人吃番薯，有许多讲究，最普通的是吃番薯糖水，现在还发展到银耳番薯羹、芝士焗番薯，等等。作为点心，当然不俗。不过，当初农村种番薯，却是用以疗饥救命的。

番薯原非国产，它和番茄、番石榴、番瓜一样，都从番邦亦即外国传入。据说明代万历年间，东莞人陈益到了越南，吃到了这东西，觉其味甘美，又极易繁殖，可以填饱肚子，便向当地酋长行贿，把番薯偷运回乡。“嗣是种播天南，佐粒食，人无阻饥”（《东莞县志》），这就大大解决了当时粮食不足的问题。至于李时珍说它性平甘，有补中益气通便之效，则另当作别论。

我当然喜欢吃番薯糖水，不过，第一次对番薯产生厌恶之情，是在广州沦陷的年代。那时大米昂贵，家里只好常吃两种东西充饥，一叫“老鼠投胎”，即以粉团放在水里煮熟；一就是番薯。最便宜的番薯白皮白心，它淡而无味，我吃多了，便不想吃。家里人嫌我不懂事，骂我是“好眉好貌生沙塞”，亦即像番薯外表不错，内里有病变之谓。这一来，我只好皱着眉硬啃。

到了20世纪60年代初，“大跃进”过后，出现三年经济困难时期，我对番薯的感情就复杂了。那时购米凭粮票，家里孩子食量又大，“化骨龙”（小孩）多了，粮食不够吃，只好设法买番薯补充。但农民在自留地里所种有限，还要留作自用。我们想买而不易得，番薯就成了奇货可居的宝贝。

1960年左右，我曾作为工作队，到农村下放蹲点，在粤东某地参加“整风整社”。白天参加劳动，吃饭时，每人分到了一盅稀粥，当地人称为“糜”。一看这糜，水清见底，只漂浮着几百颗米和几小块番薯。我们一边暗暗唱着“洪湖水，浪打浪”，一边用几小块番薯填塞牙缝。再一想，老乡和我们吃的一样，也便甘之如饴了。

那时，工作队员最盼望的，是每半月一次到“人民公社”开会。中午时，“公社”干部为了照顾我们，总会无偿地奉上“特供”，那是用洗脸盆盛满的热气腾腾的番薯。我们一见，眼里出火，谁也不客气了，大家围着盆子狼吞虎咽，口中咬着一块，手中拿一块，眼中盯着一块。一会儿，“罗通扫北”，番薯被彻底消灭。而我们的肚皮也被撑得圆滚滚，胀鼓鼓，顶心顶肺，连坐也坐不住，大家只好挺着肚子靠着墙根晒太阳。不过，不要紧，番薯极易消化，过不了一个时辰，肚子里咕咕作响，我们便纷纷找茅厕“蹲点下放”，哗啦啦一阵落花流水。等到散会回家，肠胃便空空如也。

“大跃进”初期，人们提出“放开肚吃饭”，结果不用过了多久，全国饥馑，连吃番薯也不容易。如今，在餐桌上吃番薯，和当年吃番薯的性质，不可同日而语。在人们品尝绿色食物的时候，我往往想起了在公社里饿狗抢屎般吃番薯的情景，便更深体悟以科学发展观实现中国梦的重要性。

在食物匮乏的年代，番薯是那个时代人们的集体记忆。

“有它”“无它”，吃它、用它

刚送走了蛇年，忽又想起了蛇。

记得在大一上“文字学”课时，容庚教授对我们说：甲骨上常见“有它”和“无它”的古文字。“它”，就是今“蛇”字。古人害怕蛇，见面时常问：“有它（蛇）吗？”答曰：“无它！”这问候语，等于今天人们见面会问：“吃饭了吗？”回答则说“吃了”一样。

老广对蛇的态度很复杂。蛇要冬眠，粤语骂人懒惰，便称之为“蛇”，这显然对它有所不屑。但是，老广们又爱吃它，自古以来，形成了吃蛇的传统。

岭南人吃蛇的习惯，很可能始于远古。那时候，南蛮们生产极为落后，刀耕火种，马、牛、羊、鸡、犬、豕，少而又少，但人体不能光以野果充饥，亟须补充动物蛋白。这一来，敢为人先的岭南人，就地取材，把目光放在当地的野生动物上，包括蛇、虫、鼠、蚁。久而久之，吃蛇便成习惯。悠悠千百年，到汉代，蛇已演变成筵中上品，《淮南子》就有“越人得蚺它（蛇）以为上肴”的记载。到清末，老广饕餮把蛇的炮制，发展到极致，据说太史江殷，把鸡丝、鲍鱼丝、蛇肉丝等烩成鲜美的蛇羹；又把蛇猫鸡肉，烹制为“龙虎凤宴”，一时脍炙人口。据研究者称，蛇肉营养丰富，含有高蛋白质、低胞固醇和多种氨基酸。但蛇肉又会有多种寄生虫，若不烹煮至沸，则反受其害。

蛇有毒，样子可怕，外地人听到广州人爱吃蛇，觉得很恐怖。听说20世纪50年代，苏联著名舞蹈家乌兰诺娃来穗表演芭蕾舞，接待者享之以蛇羹，却秘而不宣，她觉得很鲜美。三天后如实告之，这“娃”便花容失色，“哇”的一声，大吐特吐。不过，后来苏联元帅伏罗希洛夫访穗，倒指名要吃蛇羹。才一品尝，便大赞“哈罗疏”（俄语“好得很”）。到底是赳赳武夫，不同于窈窕淑女。清代胡子晋有《竹枝词》云：“烹蛇宴客客如云，豪气纵横自不群。”在他看来，广州人吃蛇，表现出豪气和胆量。想当初，老祖宗们抓它吃掉，和“敢于第一个吃螃蟹”一样，需要冒险。这精神，也沉淀为岭南人敢为人先的文化基因。

说到蛇，我想起了唐代柳宗元的名篇《捕蛇者说》，篇中说到以蛇入药，有极强的疗效。捕蛇，当然是危险的职业，捕蛇者告诉他："吾祖死于是，吾父死于是。"但由于药用的需求，蛇实在大有用场。到现在，根据《野生动物保护法》，蛇则以人工养殖。别看它样子丑恶，却浑身是宝。据蛇类专家沈金福介绍，养蛇主要用于取其胆和制药酒，"一个胆的价值，就是一条蛇的价值"。取胆时，工人一脚踩着蛇尾，左手捏着蛇头，右手拿小刀一挥，切开蛇腹，蛇胆便干净利落地被挖出。我参观过茶山蛇场的酒库，只见百多个硕大无朋的酒缸，纵横成阵，十分壮观。揭开盖子，酒香扑鼻，缸里泡着粗如手臂的蛇，里面的酒，色如琥珀。我从未见过这样的大阵仗，也很感佩员工的敬业精神。

人和蛇的关系很有趣，从害怕"它"，到吃掉它、利用它；从把有毒的动物，炮制为可以祛风除毒的有益药物。在这里，人的主观能动性，起着决定的作用；也说明对立面可以转化，是客观的辩证的规律。世间事物，莫不如此！

位于广州西关的清平中药材批发市场已有数百年历史。

第四章
粤腔粤调

我记得，小时候唱过的儿歌，均用粤语唱诵，那时以“月光光”“鸡公仔”和“落大雨”等词语起兴的几组，最为流行。

睇大戏

“文革”以前，南下的火车一过坪石，车厢便响起了粤曲。旅客便知道进入广东境内了。客居异地的人，“近乡情更怯”，一听到家乡的乐声，不禁心潮起伏。广州人，无论男女老少，都知道粤曲是岭南文化的名片。我记得，我是在西关的巷子里，听到盲妹拉着二胡，唱起《客途秋恨》，才知道有所谓粤曲的名目。

大概在20世纪的30年代后期，我才几岁，被大人带到长堤的先施公司天台上看粤剧。那时叫“睇大戏”（后来研究戏曲史才明白，这是广东人把粤剧区别于地方小戏，以及很少上演“折子戏”的缘故）。在我的印象中，天台上的戏棚，顶部挂着许多煤气大光灯，有几个演员在舞台上咿咿呀呀地唱，有的画着大花脸，有的头上有雉鸡尾。舞台上，摆上几张桌椅，台后挂着的天幕，上面画些亭台楼阁。正奇怪间，忽然台边跑出两个人，把桌子搬走；把天幕上的画卷起，露出另一张画着山水树木的画幅。台上又出现几个穿着五颜六色服装的妇女。我一点不知道他们搞什么名堂，看了一会，便拉着大人回家。不久抗战军兴，一些爱国的粤剧演员，像关德兴先生等，便奔赴内地，或义演劳军，或演出鼓舞人民斗志的剧目，他们受到群众普遍的赞扬。

我懂得睇大戏，已是抗战胜利后的事。那时，我常到长寿东路的乐善戏院。院前广场，常有走江湖的艺人耍猴卖武。戏院门口，两边各有两个用纸皮竹篾扎制，高约丈余的彪形大汉。我也不晓得那是什么东西。只见它们盔甲鲜明，面目狰狞，让人害怕。当观众进入前厅，便可拿到一张“戏桥”，上面印着正印花旦、文武生之类角色和演员的名字，又有简略的剧情介绍。我们凭票对号入座，不久大锣大鼓，震耳欲聋。大幕打开，射灯把舞台照得通亮，这情景和先施公司的天台戏棚大不一样了。

当时，粤剧上演的，既有传统剧目，也有好些新编剧目。像《甘地会西施》，一看剧名，便知道它是胡诌的故事。到今天，许多情景都已忘记，但我印象最深的，首先是舞台上的布景。那时，美工人员已懂得使用灯光设置，把舞台映照得七彩斑斓，报章上还渲染戏班用的“宇宙光”。其次是，演员们穿的服装，不论扮演的角色是贫是富，一律

荔枝湾大戏台，悠悠粤韵。

缀着胶片，灯光一照，便闪耀着漂亮的光点。听大人们说，有一个戏，主角的衣服上缀满小灯泡，靴底下有铜片。当他站到舞台中央，与地板上的电源接触，那主角身上一下子亮光四射。观众们大开眼界，也大吃一惊。那时候，戏班只求“收得”（赚钱），光怪陆离，在所不计。

广州的大戏，其实并非珠三角原住民的土特产，它是清代中叶从北方皮簧系统传入的戏曲。唱白也用不三不四的京腔，后来才改用粤语。而广州又较早接受西方文化的影响，因此，解放前，大戏的许多方面，明显有着西方电影和戏剧的烙印。有关这方面的是非功过，这里不能细述。

我想，事物的发展，总会有从粗到精，从乱七八糟到具有独特风格的过程。先拿过来，再由历史磨砺淘洗，让它呈现新的面貌，这从来是广州人的品性。

粤剧花旦

广州的“讲古”

说起林兆明先生，老广州人没有不知道的，他是著名的粤语“讲古大师”。三十多年前，我经常在收音机前听到林先生的精彩表演，说书曾在广州盛极一时。

说书，广州人称为“讲古”，因为它讲的多是古代的故事。这种艺术活动，早在唐代就出现了，李商隐诗云：“或谑张飞胡（鬍），或笑邓艾吃（口吃）”，写的是孩子们听三国故事时的情景。到宋元时代，说书极为流行，艺人们所讲的内容，有战争兴废故事，有婚姻伦理故事，有神鬼灵怪故事。至于其表演形式，有边说边唱的，有只说不唱的。广州的“讲古”，源于中原，但艺人使用粤语，只说不唱，纯以语言艺术取胜。

我第一次听“讲古”，是在西关的茶楼里。只见在大堂一角，设一矮坛，上面摆一小桌。讲古先生穿着长衫，手摇纸扇，时坐时站，声音洪亮，眉飞色舞。而听众就是茶客，有听得入神者，有边吃边听者，有低声交谈者，也有充耳不闻，只顾看报者。有时，讲古先生把惊堂一拍，人们陡然一振，过后又恢复各姿各态。我还小，只觉这玩意很新鲜，却又不知所云。

广州人听讲古的第一次高潮，是在抗战胜利后。那时，大众娱乐活动不多，间中看看电影、大戏，已属奢侈的享受。特别是中、老年妇女，平素只能在家里唱唱木鱼书，听听盲妹拉二胡。到了1947年左右，收音机逐渐多起来，广州的风行广播电台，推出了名为“天空小说”的节目，亦即在电台里“讲古”，由李我主讲。此君上过大学，写过小说，演过戏。他讲古的风格，明显不同于传统的说书艺人。记得每天午饭时刻，收音机便播出李我的声音，响彻千家万户。他讲的小说，像《萧月白》《雪映寒梅》等，情节内容多与家庭婚姻有关，奶奶婶婶们特别听得入神，动情时，往往放下了碗筷。

广州人另一次听讲古的高潮，是20世纪的80年代初。那时，电台推出了“小说连播节目”，由张悦楷和林兆明两位主讲。他们既讲《三国》《水浒》等传统小说，也讲《虾球传》等现代小说，一时轰动全市。当收音机响起了“前文再续，书接上一回”的声音时，我们就知道张先生开始讲古，大人小孩立刻被吸引住了。有一次，我到电台参观，

广州西关茶楼“讲古”场景。

恰巧林先生正在演播室讲古。隔着玻璃，我听不到声音，只见他对着话筒，表情丰富，眉飞色舞，正在全神贯注地用声音塑造故事里的人物。张、林两位毕业于大学，又都曾是话剧演员，他们对人物性格有深刻的理解，所以能绘声绘色，对故事进行再创造。这一对艺坛的双子星座，受到群众的欢迎，也成了当时广州电台的品牌。

从李我到张、林，岭南出现了不同于传统讲古的新艺术流派。他们能把人民大众的生动语言，和知识分子对生活细腻的观察，结合起来，显得清新流畅。他们表情并不夸张，却注重用声音刻画出不同的人物性格。时代在发展，文艺的载体和受体也在变化，艺术工作者如果能在继承传统的基础上，有所创新，就会受到人民群众的欢迎。广州讲古两次高潮的出现，都与此有关。

南狮醒狮和食夜粥

节日将到，舞狮的队伍又会出现了。

在过去，酬神集会，店铺开张，广州城乡也必舞狮。我们舞的狮，称“南狮”。它威猛雄壮，跳踉奔掷，形态独特，成了体现生猛广州的一张名片。

南狮虽以狮名，但模样与狮毫无共同之处，老广州人戏称之为“大头狗”。它头有独角，眼似铜铃，脸容凶猛，“狮”身是一块五颜六色的锦布，舞者人身全露。狮头的重量，少说也有二三十斤，没力气者根本舞它不起。而舞狮尾者既要半哈着腰，又要配合狮头的动作，身手更需不凡。

据说舞南狮，源于佛山。明代初年，除夕之夜，佛山每有怪兽窜出，发出“嗹哒”吼声，伤害人畜，人们称之为“嗹兽”。为了对付这家伙，村民们以纸皮竹篾扎成嗹兽形状。当怪兽出现，大家一面燃放爆竹，一面舞着假兽头冲将出来，把嗹兽吓跑。这活动年年举行，“舞南狮”从此而来。

又据远古传说。有一种被称为“年”的怪兽，头生独角，春节前后跑出来伤人。此兽害怕红色，害怕火光和声响。当它出现时，大伙便贴红纸燃爆竹敲锣打鼓以逐之，这就有了“过年”的风俗。

“嗹”“年”同音，佛山的驱“嗹”，其实是远古驱“年”的遗存和演化。“礼失求诸野”，中原已不知“年”为何物？倒是在岭南，人们从舞南狮亦即驱“嗹”的形态中，看到了“年”的活化石。

至于广州人又称南狮为“醒狮”，是因为梁启超看到伦敦博物馆，有一机器人，状如狮子，被称为“睡狮”。内有机钮，“一拨捩子，则张牙舞爪”。梁启超在文章里以它来比喻先睡后醒的中国。受到乡贤的启发，广州便把南狮称为“醒狮”。这名称的变换，寄寓着期望振兴中华的爱国情怀。

我最喜欢看醒狮“采青”了。采青的方式，一曰“采高青”。当醒狮巡游，一些商铺便从楼上伸出竹竿，吊挂生菜和红包，吸引醒狮来采。舞者做出摇头摆尾跃跃欲试的各种姿态，然后攀高叼摘。若“青”挂得高，几名大汉便搭成人梯，让狮子攀着肩头爬登。一曰“采水青”，主人家把“青”置于盆里，再放一窄长的板凳，象征桥梁。狮子先做一番洗脸抹面摸爬滚打等动作，然后舞狮头和舞狮尾者，同时跳上凳子，舞弄一番，再垂头叼采盆里的“青”。这些动作，需要有高明的平衡技巧。

武館

解放前有许多武馆，舞狮者多在武馆习武。习武，要先练“扎马步”，这打基础的枯燥把式，往往要花上几个月的工夫。然后，才选习“洪刘蔡李佛”等武术门派。每天晚上，在师父的指导下，徒弟们练得大汗淋漓。休息时，师娘捧出粥水，让大家解渴充饥。所以，老广州人称习武为“食夜粥”。等到练得腰圆背厚，气力充沛，身手敏捷，便能把醒狮舞得威风凛凛，栩栩如生。

近两三年，我也常看到人们舞狮，除了佛山一些狮队能保存传统，在韩国舞狮大赛中以威猛的舞姿夺得锦标外，一般舞狮者只会把狮头摇来晃去。更让我吃惊的是，现在的“狮”，形状大变，头小眼大，色彩斑斓，模样妩媚而滑稽，活像是一头大型的哈巴狗，称它为“大头狗”倒真合适！这也难怪，现在的舞弄者没有“食夜粥”，没有臂力和基本功，一些青年连跑800米也吃不消，怎能举舞“醒狮”？不得已，人们只能改变狮头体积和重量。于是，舞狮是为了凑热闹，无复当年威武生猛的气派矣！

由此，我也体会到增强全民体质的重要性。

醒狮形象

足球场上的呐喊

广州人喜欢看足球。

解放前，广州能作为足球公开比赛的场地，只有“东较场”。场的四周，搭起几层木质看台。直到 1953 年，我们建成了越秀山体育场。它沿着山坡，设有水泥看台，球迷们能安稳地俯看足球健儿追奔逐北，便觉和过去有天壤之别。

小时候，我看的足球赛，多是七人制。看过比赛，球迷们便大谈球王李惠堂的扫堂腿，说他力大无穷，能一脚射穿龙门的网。再就是说谭江柏头球功夫出众，称之为“铜头”。解放初，我们的偶像变成了苏永舜，他是中大校友，当球迷们看到他像穿花蝴蝶般盘球过人时，禁不住大声喝彩。改革开放后，我们又崇拜古广明、容志行。古广明善于沿着边线，左扭右拐，飘忽穿插，然后大脚传中，创造破门机会，大家都击节赞“古仔”具有广州人机灵的品性。至于容志行，他在中场智勇双全，指挥若定，更为人津津乐道。特别是有一次和沙特队比赛，他开出角球，一脚飞起，球儿竟呈美丽的弧线，绕过人墙，滴溜溜地直接射进龙门。这“香蕉球”出神入化，让球员和球迷目瞪口呆，全场震慑，

1954年6月，广州市组建了第一支专业足球队，成为国内最早成立市级专业足球队的城市之一。

好一阵，才欢声雷动。那一段，广州的足球队具有南派的“小、快、灵”风格，为我国足球事业的发展做出了贡献。

我喜欢看足球比赛，也注意电视台对足球的评说。当电视机还未普及时，我们只能在收音机里听到宋世雄先生的解说。他语言清晰，口若悬河，让听众也仿佛“看”到了球赛的进行。他又是多面手，各种球类，无所不评。一个人，几张嘴，有时难免有单调之憾。改革开放后，偶然看到境外电视台的评球，评论时多是两人一唱一和，语言生动。现在，广州市电视台评论世界杯时，论坛上评说者甚至多至四人，有男有女，气氛热烈。参与者多是行家里手，具有专业知识，且叙且议，颇受观众欢迎。至于某些电视台的评球者，只会声嘶力竭地傻喊：“射门！哗！进啦！”让人觉得言不及义，甚至自作多情。

说到评球，我更欢喜到现场听球迷的齐声呼喊。据说，不同地方的球迷，有不同的呼喊方式，欧洲球迷喜唱歌，一边看，一边唱“呢～哦呢哦呢哦哩”！四川球迷则齐喊“雄起”！至于我国的许多地方，包括广州，则普遍喊“加油”！我怀疑，看足球喊“加油”，似最早源于广州。抗战胜利后，广州人即以“加油”鼓励田径运动员。“加油”者，原指像汽车那样，加大油门，开足马力。不久，看球赛，也用上这一词了。

广州人看足球，最特别的地方，是当看到球员传球出界，或者丧失良机时，全场球迷，便会不约而同，齐声大喊一声：“丢～！”这响亮悠长的声音，冲天而起，是惋惜，是讽刺，是批评，情绪颇为复杂。老实说，这词并不文雅，却让球迷发泄了不满，打架谩骂的事便不致发生。这既说明广州球迷感情投入，又颇能客观地冷静地对待失误球员。这就是集体评球！有趣的是，这声“丢”，只用于看足球，其他比赛场合，都听不到。

“加油”和“丢”的呐喊，在足球场上交替出现，这或许多少表现出广州人性格生猛淡定的一面。

如今，广州西关永庆坊，广州人过来寻找童年的记忆，也是外地人的打卡点。

想起了
“月光光”和“鸡公仔”

前几天读报才知道：3月21日是“世界儿歌日”。又得悉，现在的广州小朋友很少唱儿歌了。孩子们说，新儿歌不带劲，不好玩云云。为什么会出现这种情况？颇值得人们思考。

在广州，20世纪60年代以前，儿歌、童谣依然是十分流行的，并且具有非常明显的地区特色。记得在广州“亚运会”开幕式上，作曲家李海鹰根据广州儿歌《落雨大》的音乐元素，谱成一曲。乐声一起，婉转舒徐的旋律在夜空里回荡，让听者如痴如醉，感受到广州的生猛淡定和活泼优雅的魅力；岁月如歌，也勾起了老广州人对家园的许多回忆。

言为心声，儿歌是童心的写照，它往往能反映出一定时期儿童和社会的心理。“观风俗，知厚薄”，儿歌的状况，是教育者和社会学者常应关注的一环。我记得，小时候唱过的儿歌，均用粤语唱诵。那时以“月光光”“鸡公仔”和“落雨大”等词语起兴的几组，最为流行。它们说不上有什么特定的思想内容，不过其中又会有颇堪咀嚼的意味。像唱“落雨大，水浸街，阿哥担柴上街卖，阿嫂教我做花鞋。花鞋花脚带，一串珍珠两边排……”

通俗的词语，流畅的调子，曲折地反映出在自然经济转型的时期，处于下层的广州人对待劳动和生活的态度。有一首儿歌，唱的是：“鸡公仔，尾弯弯，做人新抱（媳妇）甚艰难，早早起身都话晏（都说迟），眼泪唔干入下间（进厨房）……”它是女性诉说在家庭里受到不平等对待的心声。另外，在“鸡公仔”的一组儿歌里，有一首则是这样唱的：“鸡公仔，尾婆娑，三岁孩儿学唱歌，唔使爹娘教导我，自己精乖冇（没）奈何。”这唱词，则以赞扬孩子聪明的口吻，培养儿童自信的意识。

在20世纪初叶，儿歌《月光光》，是广州儿童传唱最多的一首。这首像粤曲“数白榄”般念诵的童谣，开头几句是：“月光光，照地塘；年卅晚，摘槟榔；槟榔香，摘子姜；子姜辣，买葡突（苦瓜）；葡突苦，买猪肚……”这些句子，写的无非是儿童在购物时挑挑拣拣的情态。可是，当说到“……刀切菜，买箩盖；箩盖圆，买只船”，词风忽转，最后几句是：“船漏底，浸死两个番鬼仔，一个蒲（浮）头，一个沉底……”由于近代以来，列强入侵，广州首当其冲，孩子们也受到爱国思想的影响，所以《月

童谣是妈妈的怀抱，是奶奶的呢喃，是爷爷和父亲的关爱。

旧时西关生活场景。

光光》在一连串“顶针续麻”的句式之后，“卒章见志”，对外来者肆意戏谑。在这里，人们可以看到它透露出当时广州群众的民族意识。

生动有趣，是儿歌的基本要求。过去有些儿歌，甚至不知所云，像“排排坐，吃果果，猪拉柴，狗透（生）火，猫儿担凳姑婆坐，坐烂屎忽米赖我（坐破了屁股莫怪罪于我）”。这类“无厘头”式的歌词，没有什么意义，但却受到孩子们的喜爱。我想，它能起到让孩子们习惯集体玩耍的作用，这就够了。对儿童的教育，重在潜移默化，未必需要“画公仔画出肠”的。

从来世事如流水，旧时代广州的儿歌，当然已不符合新时代的要求了。但从过去儿歌流传的情况，也许能让我们得到一些启示。如果多一点让孩子们自编自唱，大人们从旁引导；让孩子们在游戏中培养健康的情操，这比越俎代庖更为有效。

话说“西关小姐”

我世居广州西关，在“三八”妇女节到来之际，有人问我有没有见过“西关小姐”。说这称呼很美，又问是否凡是住在西关的小姐，都可称为“西关小姐”。我哂然。说实在的，我的母亲、表姨，便属“西关小姐”。这是在一定的历史时期具有特定含义的称谓，与美不美无关。

前些时，某些单位举行“西关小姐”大赛，在荔湾区一带，找了些年轻貌美的姑娘，打扮得腰儿窄窄，旗袍下伸出纤长的美腿，扭扭捏捏。这模样，其实只是搞笑的选美。她们与传统意义上所指“西关小姐”，并无共同之处。

所谓“西关”，过去是指广州西面的城关，是清中叶以来城乡的接合部。那时，光复路一带称为上西关，多有手工业作坊。武侠小说中写方世玉师兄弟打群架，所谓“胡惠乾打机房”，便在西门口附近发生。至于下西关，才是西关的核心地段，指的是逢源、宝源、多宝附近那一片大街小巷。

在 20 世纪初叶，珠三角一带富裕士绅，多喜欢居住在下西关，因为这里既靠近“城里头”，又稍远烦嚣。加以与郊区接壤，方便返乡。所以，西关青砖大屋，鳞次栉比，成为广州当年富裕的名区。

士绅多讲究“诗礼传家”，他们的子女，饱受儒家思想的熏陶。而当时国门渐开，西方文化传入。西关一些稍为开明的士绅，也逐渐改变“女子无才便是德”的观念，会让女孩子到新兴办的学校里学点科学文化知识。所以，“西关小姐”，并非广州漂亮女性的代名词。她们乃是20世纪二三十年代，一部分出身西关中上人家，既受到传统礼教的影响，又接触了新的思潮，稍具开放意识的知识青年女性。特定的时代、社区环境和家庭背景，决定了“西关小姐”这一族群的属性和特征。

“春江水暖鸭先知”，年轻妇女的服饰打扮，往往是一定社会思潮变化的晴雨表。例如抗战胜利后，广州许多女性开始烫头发，穿短袖旗袍；解放后姑娘们烫发的不多了，或穿“列宁装”，或穿“布拉吉”亦即连衣裙；“文革”时女子一律以穿蓝、灰色的中山装为时尚，间或遮遮掩掩在脖子上露出些鲜艳的颜色以资点缀。改革开放后，一些女性开始穿牛仔裤或喇叭裤，陆续发展到袒胸露背，有人甚至类似白居易所说的“乌膏点唇唇似泥，双眉画

西关大屋与“西关小姐”。

作八字低”，以奇特怪异惹人注目。不过，这都是后话。

“西关小姐”优裕的身份，决定了这族群有着浓重的阶层烙印。老广州人流行过一句嘲笑她们特殊的说话方式：“阿四阿四（四，讲成si)，揾条锁匙（si)，打开夹万，攞张银纸（ji)，买斤荔枝（ji)，睇好唔好味（mi)。”这句话，典型地表现出“西关小姐”既要拿身份，又故意咧开樱桃小嘴作秀的神态。这不同于传统女性要求笑不露齿的规范。

“西关小姐”有文化，有知识，举止斯文大方。她们可以活泼地说笑，却从不会光着膀子见人，上街时，衣袖必略长于肘。她们不梳辫子，也不烫发，梳着有刘海的短发。她们能和男朋友一起上街，但若谈婚论嫁，仍需凭媒问聘。她们萌发自由的追求，也具有开放意识，但依然留有旧传统的长尾巴。

到1932年前后，这族群出现分化，有人投身革命，奋起抗日；有人献身科学，名医梁毅文就是其中典范。当然，更多的人在时代洪流中载沉载浮，或在家庭中默默地度过了人生。

现在，妇女是社会建设的“半边天”了，想当年，

“西关小姐”只属旧传统与新潮流融合的产物。就她们从守旧的涸藩迈出了新的一步而言，“西关小姐”毕竟是新鲜事物，有一定进步意义。而从她们半新不旧的思想烙印中，我们则多少可以体悟妇女解放道路的曲折，更珍惜改革开放，更尊重妇女的地位和作用。

从“过海”想起

广州濒海，对“海”的概念，应该是清楚的。但是，老广州人偏偏让人感到常把海和河混同起来，实在费解得很。当老一辈广州人说“过海”的时候，请勿以为是要渡过南海，其实，他指的只是渡过珠江。

如果你以为老广懵懂到“海”“河”不分，却又不然。过去我们到荔枝湾玩耍，常听到船工高声招徕：“游河呀！”他们是不会把游荔枝湾说成是“游海”的。至于对珠江的南岸、北岸，广州人准确地称之为“河南”“河北”，也不会称之为“海南”“海北”。

老广对河与海的观念，时而含混，时而清晰，细想也不无道理。有考古学家指出，在晋代，珠江北岸边线，直抵当今惠福西路五仙观一带。五仙观中有所谓仙人脚印，其实是海水冲刷岩石留下的痕迹。又指出，两千年前，珠江两岸的宽度有两千米。直到清初，珠江两岸仍相距五百多米。我恍然大悟，原来，过去宽阔的珠江，望过去，真似是无边无际的大海。怪不得屈大均从江边眺望海珠石，说它“朝晴暮雨，含影虚无，恍忽若蛟官贝阙，而不可即也”。

所以，江上岛礁，被命名为海珠、海印、海心沙，均不离“海”字。祖辈对珠江横无际涯的印象，沉淀为老广的潜意识，这便出现了把“过河”视为“过海”的现象。

沧海桑田，现在，珠江变窄，谁也不会把它看成是“海”了。不过，老广州人依然惯用“过海”的说法。特别是，“过海神仙”一语，还经常挂在许多人的嘴边。

请注意，“过海神仙”的含义，不同于“八仙过海”。“八仙过海”的歇后语是：各显神通。“过海神仙”则是指：过了海，便成了神仙。其歇后语是“上晒岸”（全上了岸），可以松一口气的意思。

老广们惯用此语，看来与老祖宗经常需要“过海”，亦即跨渡珠江有关。而当时渡过这与海一般宽阔的珠江，是要冒上风险的。他们认为一旦过了江，上了岸，才万事大吉，可以“叠埋心水”（放下心来）好好享受。这种心态，代代沉积，代代相传，久而久之，便成为许多广州人的思维定势，也铸造出一些广州人特具的品性。

“过海神仙”，意味功成利就，不必继续进

如今，爱群大厦旁边的西堤码头，有“过海”的轮渡。

取了。出现这种心态，和珠三角这鱼米之乡，环境相对优裕，人们容易生存的条件有关。小满即足的思想意识，以及岭南文化中具有保守性的一面，实际上是小农经济的产物。有人说，一些广州人敢想敢干，却不善于或是不屑于总结成绩和经验，以求更上层楼，继续发展。所谓“禾秆冚（盖）珍珠”，“但开风气不为师”的思想状态，说到底，乃是“过海神仙”的潜意识在作怪。

随着改革开放和市场经济的发展，广州人觉察“过海神仙”的心态，会成为在前进道路上的绊脚石，许多人也坚定地抛弃了这并不足取的传统习气。据知，近年广州苏氏三父子，小提琴的制作工艺全国驰名。但他们并没有踌躇满志，反而冲出国门，把生意做到美国去。他们真过了“海”，最终获得了国际小提琴制作的金奖。看来，只有克服小满即足的心态，坚持改革不停步，我们的进步才会更快。

神龛里的关公

到广州的马路上一逛，会看到许多大小商店、食肆，或在显眼处，或在角落里，供奉着关公的神龛。旁边竖有两根小柱，柱顶亮着红色电灯泡，代替香烛。于是关公的红脸，被照得红上加红，十分有趣。

崇拜关公，是我国的传统民俗。在广州，解放前有关帝庙，西关一带民居，也多供奉关公神像。他丹凤眼，卧蚕眉，手捋长须，坐读《春秋》的模样，让人肃然起敬。左右两边，还站着手执青龙偃月刀的黑脸周仓和捧着帅印的白脸关平，显得庄严威武。逢年过节，我们要焚香点烛，向他膜拜。“文革”时，除“四旧”，关庙被毁，神像被废。不过，在港澳地区，崇拜关公之风愈演愈烈，连公司、差馆、麻雀（麻将）馆、食肆商铺、黑道窝点，都摆设关公神位。“文革”后，这股风气，倒灌回来，如今竟成了广州的街景。

为什么要供奉关公？现在，人们多从“驱邪”和“招财”的角度着眼。这也好理解，在历史上，关公实有其人。他姓关名羽，山西解州人，是三国时代力敌万人的猛将。据说此公“怜恤士卒而骄士大夫”，最后大意失荆州，战死沙场。其后战乱频仍，“世乱思良将”，弱势群体对这失败的英雄，既崇敬，又惋惜，唐代李商隐诗云：“关张无命欲何如！”（《筹笔驿》）反映了人们对关羽的态度。群众又把这英雄人物理想化，他便被升格为“神”。

传说关羽死后多年，以盐为业的解州，4月初晒盐时，常有风雨，人们说这是有妖龙在作祟。一夜，有人梦见金甲神怒斩妖龙，从此晒盐时节，晴天丽日。这金甲神，便是他们的老乡关羽。又传说，在荆襄地区，5月麦收时节，需要雨水，而这里常下起小雨，人们便认为，是在荆襄战死的关羽护佑着他们，说这及时雨是他的“磨刀雨”。可见，当初人们祭祀关羽，祈求他驱走恶劣天气，增加财富收入，亦即与“驱邪”“招财”有关。

不过，崇拜关公的民俗，其内涵是不断发展的。宋以后，人们把儒家思想注入关羽的形象中，把他越捧越高，称他为“关圣帝君”，强调他一身正气，忠肝义胆。小说《三国演义》，更着重描写他“义释黄忠”“义勇辞金”，说他重诚信，重然诺，在群众中产生了极大的影响。如果说，唐宋之际人

关公集“忠、义、信、智、仁、勇”于一身，而这几个字正是生意人所需要的生财之道。

们对关公的崇拜，是希望他能帮助百姓战胜自然灾害，那么，元明以来，人们更多是从道德方面教化宣扬，把他视为伦理的楷模。所以，关帝庙里的对联，特别强调他的忠义，像说“忠心贯日月，义气薄云天”；“志在春秋心在汉，功同日月义同天”，等等。义者，宜也，诚信也。近代城市经商者在逐利时，还必须诚信。从前广州民间继承崇拜关公的民俗，也多从重义重诚着眼。

话又说回来，如今广州大小店铺，摆设关公神龛，这也无可无不可。但请记住，关公是传说中的武财神，更是诚信之神，正义之神。人们不是想让他驱邪招财吗？要知道，盗贼火警是“邪”，而邪门歪道的经营，像使用地沟油、三聚氰胺；像以假冒真，少斤缺两之类，更是真邪、内邪！你若相信关公，那就小心了，“人间私语，天若闻雷”，你的邪念，他在神龛里会看得清楚，那一把青龙偃月刀，未必肯饶过你！

第五章
珠水人家

在西关，稍讲究的巷子，往往以一块块青白色的麻石，铺砌街道，显得清洁而雅致。

不过，给我印象最深的，并不是那些齐整坚硬的石板，而是黄昏清昼，行人走过，木屐碰敲着青麻石所发出的清脆的声响。

记得儿时开学礼

暑假结束，快开学了。大学、中学的新生，面临新的环境，进入新的学习阶段，少不了会带着兴奋期待的心情进入校门。但对一年级的小学生来说，开学那一天，不过是第一次背着书包，到一个新的地方去而已。在路上，人们若是碰上了这些小新生，看到了他们童真未凿的模样，也会輾然一笑，心神一爽。

小孩子头一次上学，校方要举行开学典礼。在20世纪40年代初，我也是参加过开学礼的。到现在，只记得当时排队站着，一位老师领我们读《总理遗嘱》，那是孙中山先生的临终嘱咐。老师念一句：“余致力国民革命”，我们也跟着念。遗嘱不长，但句句跟念，起码也要花十来分钟。孩子们实在不懂其意，越念越不耐烦，有东张西望的，有挤眉弄

陈家祠（陈氏书院）

眼的。接着又有校长讲话，讲的是什么，也全无印象。我们毕竟是些“黄毛未褪”的孩子，校长即使说得天花乱坠，也只是对“牛”弹琴。

不过，私塾的开学礼，其中的一个细节，却给了我很深的印象。

那时，在我家附近，有一家“敏求学塾”。广州人，称私塾为“卜卜斋”，因为塾师可用界尺敲打学生的头，敲得卜卜作响。有一天，这学塾举行开学典礼（他们称为“开笔”）。我恰好经过，便躲在门外看热闹。只见前厅坐着十多个小孩，人人头戴瓜皮小帽，显得有点滑稽。厅的正中，贴一张红纸，上写“大成至圣先师文宣王”几个大字，这算是孔夫子的牌位了。牌位前的长桌，点着香烛。塾师端坐一旁，先领读几句韵语（大概是《三字经》《弟子规》之类的启蒙读物），小孩便轮流上前，每人先捧着一盘东西，供在长桌上，然后对着“牌位”三跪九叩。我生性好奇，看不清盘子里究竟放的是什么，两脚便不由自主，挪进厅里。那塾师发现我在探头探脑，“卜”的一声，敲着界尺喝问：“细路做乜？”（小孩要干什么）我吃了一惊，回身便跑。后来一问参加“开笔”的堂弟，才知道盘里放着的是“薄撑”，那是用糯米粉煎成的薄饼。据称“开笔”时用以拜孔子，意味着孩子的屁股，会粘住椅子努力念书云云。我听了，不禁哈哈大笑。其实，这十多盘“薄撑”，拜孔后，一定粘在塾师的嘴巴上，“有酒肉，先生馔”（《论语》），足够他全家吃好几顿了。

典礼，用以表示有重要意义的生活事件，它的仪式，反过来从心理上强化人们对事件的印象。因此，根据需要举行各种典礼，是很有必要的。至于典礼中仪式的设置，则应根据事件的内容、性质、时代特点，以及参与者的年龄、水平等因素，认真地安排。否则，典礼不仅沦为徒具形式的空壳，甚至还会产生负面的效果。上面说到旧时两种小学生的开学典礼，一种是把小孩当成大人，另一种是把小孩当成古人，均不足取。

近几年，人们提出重视“国学”，这本来是好事，但也有人把开学礼搞得不伦不类。据报道，有些学校让小学生穿起统一特制的衣帽，家长自然花费不菲。孩子们则一个个像“喃呒丁丁”，在孔子的画像前叩头作揖。对这种把时间拉回到一百年的做法，大可一笑置之。因为对小孩子来说，无所谓有益无益，它不过是一种游戏，儿童转眼便忘。而真正得益者，说穿了，不过是校方和制衣方的某些人，就像“卜卜斋”的塾师，在祭孔之余，可以大吃“薄撑”那样。

这是陈家祠山墙垂脊上的灰塑“神兽”——独角狮。陈家祠（又称陈氏书院），建成于1894年，由广东七十二县的陈氏族人捐资而建，主要为广东陈姓子弟到广州参加科举考试的读书和生活提供所需的场所。

行行出状元

上旬高考统考，在各考场门口，不少家长对孩子千叮万嘱。等到考试时间快要结束，家长们便探头探脑，引颈翘望。听说，在迎候考生结束考试的队伍当中，有人穿上全红的衣服，有人则穿全绿色衣服，场面热闹有趣，望子成龙的心情可以理解。

全红，吉庆也；全绿，全“录”也。对于诸如此类“讲意头”的行为，我们也不必以“迷信”嘲之。所谓有“好意头”，不过是人们祝愿和期待心情的宣泄，也不妨视为乐观精神的曲折表达。穿红衣以示吉祥，乃是我国的传统；而穿绿衣以祈录取，倒属新创。说不定，以后高考期间，绿色衣料会畅销了。

在封建时代，人们祈求考试顺利，多会去叩拜“文曲星”或“文昌帝君”。这两个由道教徒炮制，后来又混而为一的尊神，被视为状元公的制造者。所以，在科举盛行时代，“文昌庙”和“文曲塔”，遍及各地。

不过，在近代，广州的情况却稍有不同。

广州荔湾区有一条文昌路，该地段曾有“文昌帝君庙”。但早就荡然无存，空余路名，给人留下记忆的痕迹。倒是在荔枝湾头，一直保留着一个矮小的“文曲塔”，又称“文塔”。当年，它坐落在野地荒坡，瓦老苔青，形状简朴。小时候，我们常在塔旁或捉迷藏，或打野战，却从没看见过有人来叩头上香。它和近在咫尺奉祀水神兼财神的仁威庙，构成鲜明的对比。那边香火鼎盛，“文塔”则形影相吊。而从它的被冷落和“文昌庙”的坍塌消失，反而多少可以窥见广州人对功名意识的淡化，反映出社会心理的进化。显然，在近代废除科举以后，在商品经济发育较好的广州，人们并不认为上大学是人生唯一的出路。

西关文塔又称文笔塔、文昌塔，寓意文运昌盛，如今仍然伫立在原处，成为荔枝湾景区的重要组成部分。

泮溪酒家点心状元罗坤做的“绿茵白兔饺”。

其实，即使在封建时代，随着商业市场的发展。人们的目光，也不是只盯在科举考试上。明代散曲家冯惟敏说："琵琶轻扫动人怜，须信行行出状元。"好一个行行出状元！过去有所谓"三十六行"，人们看到，各行各业，都可以干出卓越的成绩，未必非请文曲星帮忙不可。这观点，应该是社会渐趋进步的表现。

凑巧的是，"文塔"附近的泮溪酒家，真出了状元，他是饮食行业公认的点心状元罗坤。罗坤的手艺，驰名中外，光是一味"绿茵白兔饺"，皮薄味鲜，晶莹如玉，被业界奉为经典。我亲眼见过有外宾舍不得把它吃掉，要求拿回去作为艺术品欣赏。解放后，我们还出现了治白蚁的状元李始美。罗、李两位，均未上过大学，但都为社会做出了杰出的贡献。他们的成就，证实了各行各业，都可以涌现状元。

广州是有重视职业教育的传统的。从前，在西湖路，就有过与培正、执信等校齐名的"广州市第一职业学校"。老广州人都知道，这"市一职"，培养出大量优秀人才，许多青年都以考上"市一职"

为荣。其实，在现实生活中，固然需要医生、工程师、企业家、学者，更需要大量的技师、技工、护士。如果考生和家长们只把眼盯着高等院校，“千军万马过独木桥”，反而是畸形的社会现象。

前些年，一些地方在考试放榜后，媒体还公布什么“状元榜”，就差没有搞“簪花挂红，抬轿游街”。这过分的类似封建科举时代的做法，哗众取宠，殊不足取。它不利于青少年包括所谓“状元”的健康成长。

我想，与其宣扬什么“高考状元”，不如引导人们懂得“行行出状元”的道理。

执子之手 与子拍拖

近日“水巴”开通，市民称快。我不禁想起了珠江水上的交通工具，想起了“拍拖”这绝妙词语的来历。

明清以来，广州已成国际知名水运发达的大商埠。前些年，大英图书馆特藏的《中国清代外销画精华》面世，里面有描绘珠江沿岸图景实录的画幅，长达数米。江面上帆樯林立，舳舻千里。那一派水国商都的气派，在今天看来，仍让人惊叹不已。屈大均说，“粤人善操舟”。长期以来，亲水的广州人，摸透了珠江的脾气，管它风高浪急，驾舟如履平地。“拍拖”，正是粤人驾船的特有技巧。

小时候，我在广州河涌和珠江之滨，见过各种各样的舟船。在荔枝湾，有头尖尾平的“塘尾”（蜻蜓），有头尾俱尖的“榄核”，这都是供游人自驾的小艇。还有一种“花艇”，船的中部放着小桌，艇上有船篷，挂着迎风摇曳的珠珞。年轻的女船家在船头撑篙，游客则坐在船里，优哉游哉或嗑瓜子，或赏风景。

在珠江边，我常看到停着几艘“紫洞艇”。这类船一般高两层，装饰豪华，是有钱人吃海鲜搓麻雀或寻花问柳的去处。在大沙头一带，更多是以打鱼为生的水上人家，他们浮家泛宅，终日受雨打风吹，直到解放后才上岸定居。在江面，往往有船夫驾一叶扁舟，站着划动双桨。江之畔，也停泊着几艘“大眼鸡”，那是在船头画着一双鱼眼睛的大船。

最惹人注目的，是装饰讲究的“花尾渡”了。这是出现于20世纪30年代中，来往珠江沿岸县镇的主要交通工具。船高两层或三层，体积硕大。舱里排列上下两层分成格格的床位，供旅客坐卧休息。“花尾渡”本身没有动力，全靠小火轮拖着，行进时平稳无声。那时珠江澄澈，躺在舱里，微风飘拂，凉意渐生，真有“春水碧于天，画船听雨眠”般的惬意。

在江面宽阔处，小火轮用绳索远远地拖着“花尾渡”行进。可是，当行进到狭窄河道，以及起航或泊岸时，小火轮便要和“花尾渡”靠在一起，船工们用铁钩绳索，把两船捆缚，让它们互相紧贴，这就是“拍拖”，亦即拍着、拖着之谓。

在20世纪30年代，广州也出现自由恋爱之风了。不过男女一起逛街时，还有点拘谨，往往只

20 世纪 20 年代，广州长堤一带珠江的景色。西堤码头建于 1921 年，是广州最早的机动轮渡码头之一，有航行于广州和香港的轮船。

一前一后，形影相随。关系密切些了，女孩便会勾着男孩的臂弯，肩膀拍在一起。在风气初开之际，人们少见多怪，看到青年男女的情态，与“花尾渡”小火轮拖拖拍拍的模样相似，始而窃窃私语，跟着半是讪笑，半是羡慕，便把“谈恋爱”形象地比喻为“拍拖”。如果恋爱失败，则称之为“甩拖”，亦即两下子甩开的意思。

《诗经》有句云：“执子之手，与子偕老。”不过，在封建时代，即使是夫妻，在街上公开“执手”，也被视为有伤风化。到近代，广州出现“拍拖”的雅谑，恰好说明这里思想的逐渐开放，与近代商业化和工业化的趋向同步。存在决定意识，绝非偶然。到现在，我们进入了“水巴”时期，但语言的惯性仍起作用，所以广州人依然把谈恋爱称之为“拍拖”。至于有人发展为又拍又搂，“电灯杉挂老鼠箱”，殊不雅观，此是后话。

骑楼的学问

许多外地人来到广州，都认识到广州马路上的骑楼，很能体现岭南文化和广州的特色。记得前些时候，有朋自远方来，我陪他到马路上游逛，忽然大雨倾盆，我们赶紧走进骑楼躲避。只见路面上雨脚如麻，汽车过处，水花飞溅。我们虽没带雨具，但有骑楼遮荫，不仅没有变成“落汤鸡”，而且依然可在长廊般的骑楼下，施施然继续行走。那位朋友从未享过在雨中看“花”淡定自如的乐趣，以及霎时间凉生襟袖的滋味，不禁伸出拇指，大赞广州人的智慧，认为自己也悟出了骑楼的妙用。

说实在的，骑楼并不是广州人的发明。它源于南欧，地中海一带气候潮湿，市民也注重公共生活，于是有了让门廊向外伸延的建筑。清末民初，西风东渐，善于包容的广州人，觉得这种建筑模式，适用于岭南，便拿来以为已用。据闻骑楼始见于西关和十三行一带商铺，后来人们纷纷效尤，越建越多。商铺的楼柱，跨越行人道。至于楼层的装饰，也不拘一格，或作哥特式、罗马式，或是融入我国传统图案的元素，甚至饰以满洲窗。当马路上左邻右舍，都建起骑楼，它们相互连接，行人道便成为一条公用的长廊。在20世纪初，市政当局还规定“各马路兴建屋铺，均应在自置私地内，留宽八尺，以建有脚骑楼，以利交通之用”。这举措，推动了骑楼的发展，使骑楼成了广州特具的风景线。

广州西关骑楼的山花装饰，
体现中西合璧的建筑特色。

广州的骑楼，除了有供行人遮雨蔽日的功能外，还有更深层的意义。

往时我住在西关，最喜欢随大人们到第十甫一带闲逛。那里的商铺，全有骑楼。我们走在人行道上，既不会被日晒雨淋，也不用担心车马碰撞，可以放心地左顾右盼，引发出购物的意欲。更重要的是，所有商铺，都不设门，敞着向路人开放。当人们走在人行道上，店里五光十色的商品，便向你招手。如果你看到有合意的东西，一迈腿，便可进进出出，挑挑拣拣。仔细一想，这里面大有学问，那各店连着骑楼相接的人行道，成了区间马路与商铺的模糊地带。它既是公共用地，又进入各个商店的可辖范围；它既隔离了车马，而可资荫蔽的楼底，又吸引行人靠近商店；进一步，让他们可以直接与商品沟通。于是，骑楼便有方便行人与招徕顾客的双重价值。可见，当初老一辈广州人，在构筑骑楼这一模式时，已备具了“双赢”的思维，为促进城市商业发展提供了物质基础。

从第十甫转入恩宁路，商铺少了，但路边住宅，也多有骑楼。黄昏清昼，常见人们三三两两，端了小凳，在骑楼之下，或谈天，或下棋。更有人喜欢这儿凉快，张开矮桌，一边用饭，一边和邻居说笑，孩子们也在廊柱边穿穿插插，打打闹闹。我蓦然发现，这时候，恩宁路两边的骑楼，熙熙融融，闹中取静，呈现出市民享受着生活的安闲以及和谐的风采。

第十甫与恩宁路的骑楼，一端生气蓬勃，一端安详宁静。数里长街，竟体现出岭南文化生猛和淡定交融的意蕴。我想，我那位曾在骑楼躲雨的朋友，虽然领略过骑楼之趣，却未必懂得它蕴藏着更深层次的学问。

广州上下九路骑楼街。

闲话“趟栊”

偶然陪北方的朋友到西关参观，他看到有些房子的门，竟是用一根根横木组成的栏栅，便大惑不解。我告诉他，这奇特的栏栅，广州叫“趟栊”。这玩意，它是门，既防盗，又通风，还是我在小时候游戏的乐土。

广州人对门面是很讲究的。在过去，无论是西关大屋，或是一般砖木结构的房舍，门口都会有三重设施。第一道门，叫“脚门”。它是高与人齐呈八字形的折叠门，从中间打开，像蝴蝶展翅。脚门上方，有各式各样镂空的图案，透过它，可约略看到门外的情景。第三道门，是两扇的厚木门，叫“大门”，这是门口的最后防线。

在大门与脚门之间，就是作为第二道门的“趟栊”了。它一般是由十三根质地坚固的横木组成。广州人讲究“好意头”，十三，谐粤音“实生”也。趟，是横向走动的意思；栊，指门窗的棂木。“趟栊”的设计，十分巧妙，它的一侧，穿过门框，有十三个圆孔；横木之下有滑轮，拖动横木，通过圆孔，防线便打开了。而墙的内侧，有可以上下翻动的木板。若竖起它，趟栊便可以无障碍地拖开；若把它放平，它会顶住门框，趟栊不能拖动，门便关上了。解放初期治安良好，在夏夜，西关人家，图个凉快，只需关上趟栊，大门可以不掩，也不会存在安全的问题。这“夜不闭户”的情景，成了老一辈人美好的回忆。

小孩们最喜欢在趟栊上玩了。有时，我们可以隔着趟栊，望到街外，盼望亲人的归来；有时，只需把手伸出趟栊，便可以向走过的小贩购买零食。我们还可以爬上趟栊，屁股坐在横木上，伸出两条小腿，悠闲地晃来晃去。有时，小兄弟们逞能，还会在趟栊上作攀爬比赛，看谁爬得快，看谁爬得高。我们又会分别坐在横木上，高高低低，说说笑笑，就像一群攀在笼子里的猢狲。胆子大的男孩子，还会用腿弯吊着横木，脚背勾着另一根横木，然后身子向后翻，来一个“倒挂金钩”，女孩们吓得哇哇大叫，男孩则扬扬得意。这时候，趟栊的十三根横木，便成为我们最有趣的游戏工具了。

当然，一些迷信的老广州人，在家宅的门口，还会找些鬼神来帮忙“防守”的。在脚门的右上方，要挂上小香炉，插上几根香，祈望“天官赐福”；

趟栊门

脚门的左下方，也要有个小香炉，祭祀那些夭殇的小鬼。在大门后面，又有一个小神龛，那是供奉“门口土地福德正神”的地方。既有实实在在的三道防线，又认为有神灵在冥冥中护佑，人们便心安理得地靠着一道趟栊，虚虚实实，凉凉快快，日日夜夜，高枕无忧。

别小觑这些门口设施，它是务实而又创新的广州人，懂得因地制宜的产物。广州阳光充沛，天气炎热，若全关上门，则既不光亮，又不通风；若不关上门，则屋内坛坛罐罐，被外人一览无遗。这一来，只关上半高的脚门，便可两全其美，解决让人尴尬的问题。至于趟栊，采用坚硬的木条，是因为广州地处潮湿，若用铁制，则容易生锈；若以纵向排列，开合推拉，既占空间，也确像囚笼。而趟栊以横向拖动，以上难题，迎刃而解。所以，就凭这门口的小设施，也可看出广州人的智慧。

落雨大 水浸街

前一段连天大雨，我不禁想起了“落雨大，水浸街”，这句童谣。它最能概括过去广州雨季的情景，旋律也婉转优美，多少能体现出广州人在困难面前淡定的心态。而实际上，当大雨倾盆，街巷被淹之际，在西关一带低洼的地区，贫苦百姓，麻烦是够大的。大人们紧急动员起来，为防污水灌屋，便用板块堵门，把家具搬上高处，手忙脚乱。只是童子无知，把“水浸街”看作是“玩水”的乐事。

解放前，我家所在的巷子，铺着青石板。大雨时，水渠来不及宣泄，地下水便从石缝渗出。起初，我们会看到石缝冒出几个泡泡，一会儿，水便深没脚眼，有时会深至小腿。雨停后，小孩最高兴了，三三两两，或折纸船漂浮，或在门外“耕水”（即蹚水，耕，念去声）。耕水时，水面犁开，微涌波澜，我们一路上嘻嘻哈哈，大呼小叫。有时候，有些大人要进出家门，又不便赤脚蹚水，小孩便搬出两张小凳。大人踏着一张，孩子则挪动另一张；再踏一张，再挪一张，如此交替向前，大人脱离“苦海”，我们则乐在其中，若受到大人奖赏，更是喜出望外。好在当年西关附近濠涌，还未受到严重污染，不至于到处漂浮垃圾，臭不可闻。所以，“落雨大，水浸街”，小孩仍能欢快地玩水。

“六脉皆通海，青山半入城”，广州水网纵横，曾有东方威尼斯之誉。而凡事有利则有弊，水能让广州交通方便，商业发展；水也能酿成灾患，让广州出现危机。小时候，我常听到老一辈人回忆乙卯年（1915 年）广州被淹的惨剧。那年农历七月间，北江、西江上游连下大雨，河水暴涨，而当时水利不修，作为广州屏障的芦苞石角围，一下子崩决，于是洪水滔天，直扑广州，特别是西关一带，尽成泽国。老人们说，乙卯大水，七日不退，水深高达屋檐。加上盗贼乘机抢劫，一时间哀鸿遍野。此一役，全市死亡达千人之多，经济损失难以计算。谈起乙卯往事，老年人还心有余悸。

在我国，水利从来是头等重要的问题。所谓“圣人出而黄河清”，大禹治水，疏导山川，几千年来，一直受人们赞美。1949 年广州解放后，人民政府重视水利建设，多年来，虽然水患不断，但广州再没有出现过乙卯年那样的悲剧。至于“水浸街”的现象，仍有发生，后来许多地方敷设暗渠，情况也

落雨大，水浸街的场景。

花砖和花鞋。广州老建筑里保留的花砖，它们承载着儿时的记忆，也承载这个城市历史的记忆。

大有好转，西关一带的孩子，大雨期间，未必常有“耕水”的机会了吧！

近年，人们想恢复广州亲水的传统，这是好事，也取得了成绩，听说海珠湖、荔湾湖等地，成了人民大众休憩的好去处。不过河涌整治，不可能毕其功于一役。如果没有疏浚整治的长远规划，不是科学地彻底地解决治污问题，真正做到“六脉皆通海”，那么，濠涌港汊，可以风光于一时，但一旦“落雨大”，便会沉渣泛起，污水倒灌，附近居民，反受其害。良好的愿望，成了纳税人的漏卮。主其事者，可不慎欤！

大榕树 故乡情

一些城市栽种的树，各具特色，例如到南京，你会看到许多法国梧桐，到北京，你会看到疏杨夹道。在广州，让人最难忘的则是木棉树和榕树。屈大均说：“故夫望其乡，有乔木森然而直上者，皆木棉也；有大树郁然而横垂者，皆榕也。”（《广东新语》）它们是广州最有特色的树。

木棉树是英雄树，记得中学时老师告诉我，若在树丛中，木棉树茁壮向上，一定要超越其他的树。春夏间，满树红花，就像团团火焰，生猛辉煌。而榕树，则长得拙重厚实。它枝叶浓密，树冠庞大，须根垂地，婆娑如伞。有些老树，盘根错节，有如虬龙偃卧，古劲苍奇。风过处，粗壮的树干岿然不动，只有嫩枝和树须款款轻摇，显出一派优游淡定的神态。屈大均还特别指出：“榕易高大，广人多植作风水，墟落间榕树多者，地必兴。”所以，广州一带乡镇，村头巷尾，多有榕树，它成了乡井的重要标识。

过去，即使在广州城区，榕树也是很多的，君不见，市内有地名曰“七株榕”？而在净慧寺即在现在的六榕寺一带，肯定也有许多榕树。据说当苏东坡到了广州，寺僧请他题字，他便题写“六榕”二字。之所以强调“六”，很可能是他的侍妾朝云在惠州病逝时，他痛感幻灭，便建了“六如亭”，寄寓佛家认为人生“如幻、如梦、如泡、如影、如露、如电”的意思。过了一段，苏东坡愁怀稍舒，到净慧寺一看，这里许许多多郁郁苍苍生气蓬勃的榕树，却给了他安静智慧之感，于是题写了与“六如”相应的“六榕”。从此，净慧寺也被人称为六榕寺。屈大均又说：“榕者，容也。”看来苏东坡也是从榕树感悟到，人生要有包容一切包括痛苦在内的气度。现在，那一带地方，榕树早没有了，“六榕无树记东坡”。但六榕的称谓，却证实当年的广州市中心，确实处处张开了榕树安详淡定的绿伞。

过去在广州城郊的泮塘等地，村头都有硕大无朋的老榕。树下以水泥石块，堆砖矮短的护墙。黄昏清昼，父老乡亲，往往在树荫下围坐纳凉，咬甘蔗，抽旱烟，说新闻，讲往事，吹牛皮。妇女们也三五扎堆，在一旁的矮凳上摇着葵扇，细语喁喁，说些家长里短。小孩们则或在大人脚下听故事，或在附近捉迷藏，做游戏。那树底浓荫，简直是村子

清朝屈大均在《广东新语》写道："榕易高大，广人多植作风水，墟落间榕树多者，地必兴。"
榕树头（榕树脚）往往是人气最为旺盛的地方，也承载着许多老广大半生的记忆。

里的俱乐部。

近日，一位华裔的朋友回穗寻根，要我陪他到泮塘附近，找寻过去在村头矗立的大榕树。可是，沧海桑田，那大树怎么也找不到了。他怅然若失，归路上，他告诉我，在童年，他就在榕树下听二叔公讲陈梦吉的故事，讲岳飞抗金的故事。当听到“岳母刺字”时，孩子们凝神肃穆；听到“八锤大闹朱仙镇”时，孩子们眉飞色舞。他还告诉我，远托异国，昔人所悲，望风怀想梦里的家园，一定有故乡村头那株大榕树。唐代王维有诗云：“君自故乡来，应知故乡事；来日绮窗前，寒梅著花未？”可见，对家邦的感情，总是和故乡风物联系在一起的。

对家园的爱，是人的真情。寄语城建诸君，城市发展，改善环境，是必要的，但应慎之又慎，切莫大拆大砍。因为，拆去的会是人们对家邦的真情与回忆，砍去的会是文化承传的血脉。

当年木屐声声

近闻有关部门，决定在泮塘一带的巷陌，铺上青麻石，回复旧景观。西关风情，将会重现于足下了。

20世纪六七十年代以前，在西关，稍讲究的巷子，往往以一块块青白色的麻石，铺砌街道，显得清洁而雅致。不过，给我印象最深的，并不是那些齐整坚硬的石板，而是黄昏清昼，行人走过，木屐碰敲着青麻石所发出的清脆的声响。

旧时西关，在“的得的得”的木屐声中，迎来一个个清晨。

每天，黎明前这里静悄悄，我还在睡懒觉，听到巷里响起了木屐“的得的得”的声音，就知道有人清晨上路了。再晚些，又会听到“的的得得”一阵乱响，伴随着叽叽呱呱银铃般的笑声，我便知道女郎们三五成群，穿着木屐上街买菜了。而夜深人静，偶然听到屐声拉拉沓沓，我便想，不知是谁在劳碌之余，拖着疲乏的脚步回家。这木屐声声，或慢或紧，或轻或重，像是奏出了一曲悠扬动听的旋律。

据说，木屐有着两千多年的历史了。早在春秋时代，晋国的介子推不肯出仕，宁愿抱着树木被活活烧死。晋文公痛惜之余，便把那树砍来，制成木屐穿上，一看脚下，追怀故旧，这便是古语“足下”一词的来由。其后，人们历代都穿木屐。晋代诗人谢灵运，爱好登山。他安装了活动的屐齿，上山时齿移于后，下山时齿移于前，方便身体平衡，人们称之为“谢公屐”。谢灵运又名谢客，字康乐，曾来广州居住。现在海珠区有客村和康乐村，可能与他有关。不过，广州人穿的木屐，则未必和他有什么联系。我穿过的屐，下方也有齿，却不能活动。屐面稍呈弧形，与脚板线条吻合，穿起来很是舒适。

解放前，广州劳苦大众，上街时常穿屐。小康人家，则只在家里穿它。男性穿的，只由原木刨成，不着颜料；屐的帮，用旧轮胎剪制，也颇耐用。小孩的屐，穿久了，又懒得更换，后跟便被磨成薄薄的一块，我们戏称之为“挞沙鱼”（比目鱼）。女性穿的屐，便讲究多了，屐板绘上色彩缤纷的图案，屐面钉上一寸来宽彩色的胶皮。在民初，广州少女已不缠足，爱美的人也喜欢穿屐，让绚丽的色彩，映衬着雪白的六寸圆肤，显得别具风韵。马路上，也有许多木屐的专卖店，墙壁上挂满一排排五颜六色的女用木屐，或娇艳，或清雅，它像一幅幅赏心悦目的画图，构成了广州商铺一道独特的风景。

解放后，穿木屐的人渐渐少了，那时出现了人造胶的拖鞋，价格比较便宜。拖鞋的形状，则受日本的影响，面上以人字形胶条，扣在大趾与二趾之间。这样式，其实源于我国古代的木屐，它流传到日本，到 20 世纪中叶，又从日本倒流回广州。这情况，也是文化交流常见的现象。

老实说，在广州，穿木屐，比穿胶拖更为舒适。因为木质稍硬，在夏天，穿上木屐，脚心凉爽，绝无黏糊之感。但是，如果现在人们提倡穿木屐，那又不妥了。很清楚，制造木屐，便要砍伐树木，破坏环保，这显然不合时宜。

我想，当泮塘的青石板铺成时，过去的木屐声声，已成绝响，它只能留在老广州人的记忆里。但我们也不必遗憾，对待文化遗产，从时代发展和人民整体利益着眼，有所保留，有所扬弃，这实在是应有之义。

阳春烟景有书香

每年，在“阳春召我以烟景”的季节，广州较早开展了“书香节”之类的读书活动，规模之大之盛，让人叹为观止。当我看到会展中心或购书中心人如潮涌，书海飘香，心里便有说不出的感动。

本来，广州素有爱书的传统，重视图书的收藏出版和流通，俨成风气。清末民初，“海山仙馆”“南州书楼”“广雅书局”等私人或官办的藏书楼，已驰名全国。尤其是广州的旧书店，在文德路鳞次栉比，它与北京琉璃厂、南京夫子庙，被认为是全国旧书买卖的三大市场。记得在20世纪60年代初，莫斯科大学汉学家彼德罗夫等教授，到中大交流访学，他们提出的唯一要求，是要到文德路参观。到了那里，看到旧书刊堆积如山，又惊又喜，便逐店悠转，淘个不休。归路上都说“哈啰梳”（好得很）！我也才知道，文德路的旧书店，原来享有国际的声誉。

千万别小看那些旧书店，如果城市里旧书店数量众多，便说明图书流通频繁，又说明这里爱读书的人之多。因此，书店，包括旧书店的数量，可以作为观察该市文化发展程度的窗口。其实，商业发展与文化风气，并不矛盾。在18世纪，商业繁荣的巴黎，塞纳河左岸的旧书店竟有二百多所，巴尔扎克、狄德罗等大家，也是那里的常客。在广州，毗邻行政和商业中心的文德路，旧书店成行成市，这既说明人们知道这里可以获得商机；又说明广州人素有爱书的传统，有深厚的文化根基。

“文革”以前，每逢假日余暇，我们最喜欢到文德路去淘书了。这里的旧书店铺面浅窄，陈设简单，但铺内藏书堆到楼顶。淘书者在书丛里挤来

广州人素有爱书的传统，重视图书的收藏出版和流通。

挤去，或蹲或站。若在这家淘不到合适的书，便转到隔壁那家，忽然有所发现，便如“众里寻他千百度……那人却在灯火阑珊处”，不禁狂喜。若走到街心，举目四望，会越发觉得这里的气氛与别处不同。马路上人来人往，却不喧嚣；书店里人影幢幢，书香盈袖。它既活跃，又宁静，形成了广州特有的一道文化风景线。

七十年前，广州商家还有一奇招。那时出售的香烟，烟盒里会夹着一张“公仔纸”。这小小的卡片，画着小说里的人物图像，有关羽、张飞；有林冲、李逵；有《红楼梦》的金陵十二钗。孩子们往往央求大人买烟，目的是希望把各本小说的人物凑齐。当然，烟草商收到了招徕的效果，但这商业行为在客观上也提高了孩子们阅读的兴趣，许多人正是通过收藏烟盒里的“公仔纸”，然后去读“四大名著”的。可惜，我收藏过的“公仔纸”，早已荡然无存，但脑海里依然留着广州人喜欢阅读的痕印。

到现在，文德路上依然有不少销售文房四宝的商店，但富有特色的旧书店已不复存在。其实，在电脑网络的冲击下，何止旧书店凋零殆尽，连一般的书店也不多了，特别是民营书店，生存实在困难，这才是人们必须正视的问题。要知道，读书，是任何其他阅读方式所不能代替的。不读书，必然浮躁，必然浅薄。只有坚持不懈地提倡读书，不断扩展图书出版和销售的空间，才能让城市有文化，有鲜活的生命力。

文化公园看攻擂

广东棋文化促进会与有关单位，准备筹备世界围棋锦标赛，要让这项目饮誉世界，落户广州。消息传来，让人振奋。据闻广州东湖棋院，设施完善，庭院优美。骚人国手，在此切磋，“闲敲棋子落灯花”，定能加深人们对广州文明的印象。

围棋和中国象棋，是东方智慧的结晶。这两项锻炼智力的运动，在我国起源很早，其精妙处，在于以游戏的方式，让博弈者体悟到人生相互依存制约的关系，包括军事战略和战术变化的奥妙。因此，围棋象棋，体制不同，各有千秋。它们都是我国智者的创造，是在不同的历史时期，我国传统辩证思想深邃的体现。

相对而言，象棋稍易掌握，雅俗共赏。贩夫走卒，可在街头巷尾，檐前树下，摆开棋盘，杀它几局。而一些高级知识分子，也乐此不疲，中大第一任校长邹鲁，是象棋迷。历史系学贯中西的著名教授金应熙，更是“棋痴”。有一次，金师母吩咐他到市区购物，半路上，他看到路边有人对弈，竟下了公交车，兴致勃勃地在旁观阵，把购物的事忘得一干二净。晚上空手回家，自然成为太太的出气

这是当年棋手潘炮在文化公园闭目应众赛棋的场景。广州素来被称为“棋城”，而广州文化公园，有“棋城中的棋城”的美称，代表国内象棋最高水平的全国象棋冠军赛“五羊杯”就在文化公园举办，老广们还记得当年万人看棋的盛况。

筒，也成为中大校园的一件轶事。爱之者众，自然高手辈出，所以解放前后，广州就有“棋城”之誉，涌现出陈松顺、黄松轩、杨官璘等一批象棋大师。正是他们迭代称雄，把棋类运动推向亚洲的高峰。

下棋，本来只是两个人的对弈。有意思的是，广州人却把它弄成为群众直接参与的集体活动。在20世纪60年代初，文化公园每周举行象棋攻擂活动。我最喜欢看“盲棋潘炮”和挑战者的轮流对阵了。这时，台上挂着大棋盘，台下摆放可容二三百人的长凳。潘炮以红巾蔽目，端坐一方，挑战者则面对棋局，另据一旁。每走一步，助手随即高喊：“红子，炮二平五！”“蓝子，马二进三！”有人便把大棋子，按报挂到大棋盘上。这时候，观众开始议论纷纷。走出妙着时，人们则点头叫好；若有人出错一招，观众有叹息者，有大骂“屎棋”者。有时，比赛者举棋不定，台下人更各出主意，有说该退“车”，有说该弃“马”，闹闹焉，哄哄焉，嗡嗡焉，甚至争得面红耳赤。这时候，与其说潘炮在比赛，不如说观棋者都在现场参与了比赛。

到现在，我还习惯在树影下看人下棋，更喜

欢看到一堆人围拢过来，各自选边，指手画脚。本来，“观棋不语真君子”，而且观者弈者，彼此未必认识，自以为是地替人着急，实在没有道理。但我最欣赏的，正是市民这种七嘴八舌的场景。正是在这既喧闹而又不乏冷静思考的气氛中，我感受到广州世俗生活的另一种生猛与淡定。

在现场看比赛，本身就是一种参与，这和在电视机前看比赛，感受是大不一样的。像在越秀山看足球赛，广州球迷在特定的氛围里，会情不自禁齐声喊“丢”！若是一个人在家看电视转播，会喊吗？看棋赛，也是如此。我想，如果不久的将来，在广州举行世界围棋锦标赛的时候，能设法让棋迷有更多等同参与的机会，想必成功更大，影响更加深远。

仁威庙前看卖武

近闻荔湾区将重修仁威庙，我不禁想起了年幼时跟着大人们，来参拜真武大帝的情景。

仁威庙在泮塘，从马路尾段转个弯，便可看到庙前铺着麻石的广场。进了庙，只见满屋子烟雾袅绕，熏得人连眼睛也睁不开。大殿上，硕大的真武大帝塑像端坐中央，道教徒又称此公为北帝。他黑脸黑须，身后竖着黑旗，据说他是水神，手下有龟蛇二将。屈大均说："吾粤固水国也，民生于咸潮，长于淡汐。"过去泮塘一带，河汊纵横，人们要请水神保佑风调雨顺，便在这里建了祭祀北帝的庙宇。解放前，仁威庙香火颇盛，逢年过节，善男信女向北帝点上香烛，奉上果品，跪地叩头如捣蒜。

孩子们到仁威庙，倒不在乎求神拜佛。老实说，庙里黑蒙蒙，殿上挂着螺旋形的大塔香的烟气，和冥镪焚烧的焦味混成一片，把人呛得七窍生烟。不过，仁威庙外的广场，却是我们很感兴趣的地方。那里的摊档，有卖风车的，纸制的风车五颜六色，风过处，飞快旋转；有卖糖制小人的，小人被捏成文臣武将等模样，栩栩如生。而每当广场上锣鼓响起，我们知道有江湖艺人到这里卖艺来了，大家便赶紧从庙里蹿将出来，钻到人群中观看表演。

来卖艺的人，有耍猴的，他们牵着猴子和山羊。锣声一响，穿着小背心的猴子便翻筋斗，竖蜻蜓，后来还骑着山羊跑圆场。孩子们看到猴子龇牙咧嘴的模样，自然有趣，但看多了，千篇一律，又觉乏味。倒是当卖武的人来到广场时，人们的兴致一下子就提上来了。

在广州，街头卖武，有其模式，一般由三四位武师搭伙。在一阵紧锣密鼓之后，为首师傅走到场中央，抱拳吆喝："伙计，慢打锣！"伙伴便应和："慢打锣。"为首者又喊："打得锣多锣吵耳！"回应是："炒猪耳。"为首者再喊："打得更多夜又长"回应则说："炒猪大肠。"在以逗笑方式吸引观众之后，师傅便介绍他们的来历，像说来自何方门派，擅长什么拳脚之类。跟着几个人轮番上场耍刀弄棒，到精彩处，群众纷纷鼓掌叫好！卖武者便翻转小锣，捧着向观众讨赏，人们也慷慨解囊。

在解放前，西关有不少武馆，泮塘附近乡民多孔武有力，卖武者如果"没有几道散手"，是不敢到仁威庙前班门弄斧的，所以人们对这些腰圆膀粗的大汉，也比较欢迎。当然，卖武者走江湖是为了讨生活，但在客观上有助于发展传统武术，宣扬尚武精神，这比耍猴逗乐有意义得多。至于在抗战期间，有些热血青年利用卖武的形式，演出《放下你的鞭子》等街头剧，号召抗日，就更产生了动员群众的积极效果。

现在，经过修建的仁威庙，前边的广场，未必再有卖武表演了。但类似庙会之类的活动，肯定是不会少的。如何充分利用广场，有意识地让这与传统文化关系密切的地方，发展民间艺术，弘扬健康有益的传统文化，而不是徒然为了增加几个出售旅游用品的摊档，恐已提到了有关部门的议事日程上。其实，如何让广场发挥文化效能，也不单单是仁威庙一家所要考虑的问题。

当年仁威庙前面广场的卖武表演。

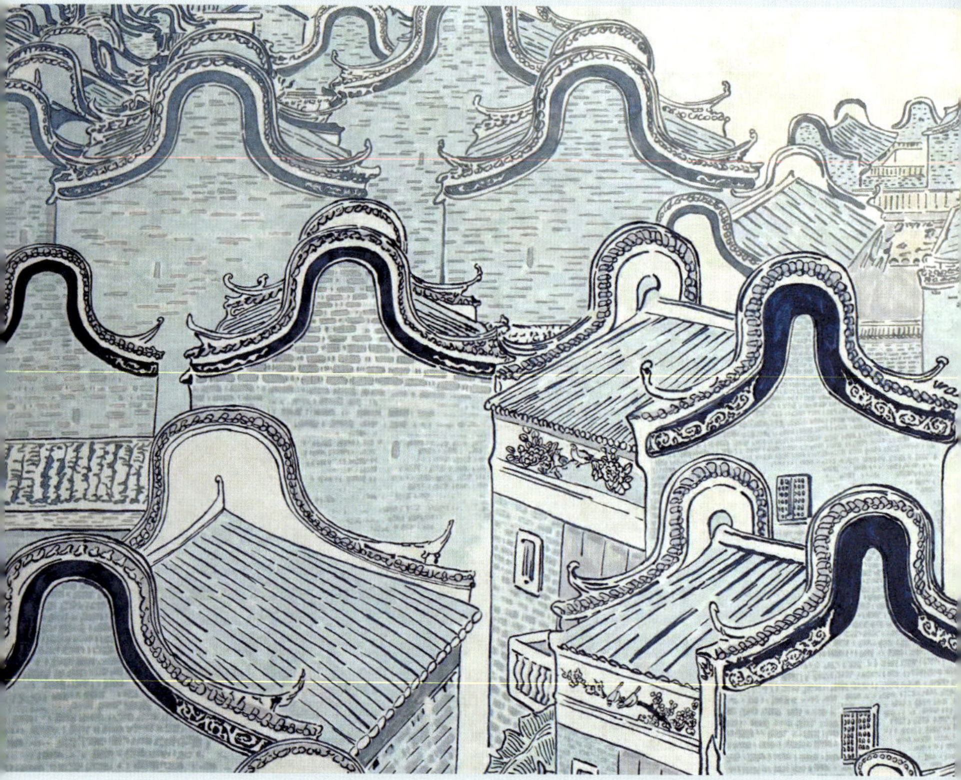

镬耳屋是岭南古建筑的典型代表，“镬耳”一词指房屋山墙的特殊形状，从侧面看就像一个“凸”字。镬耳屋多用青砖、石柱、石板砌成，瓦顶建龙船脊，外墙壁饰有花鸟、人物图案。镬耳屋承载的是岭南先民丰衣足食、独占鳌头的美好心愿。